Совместное созда
народного творче

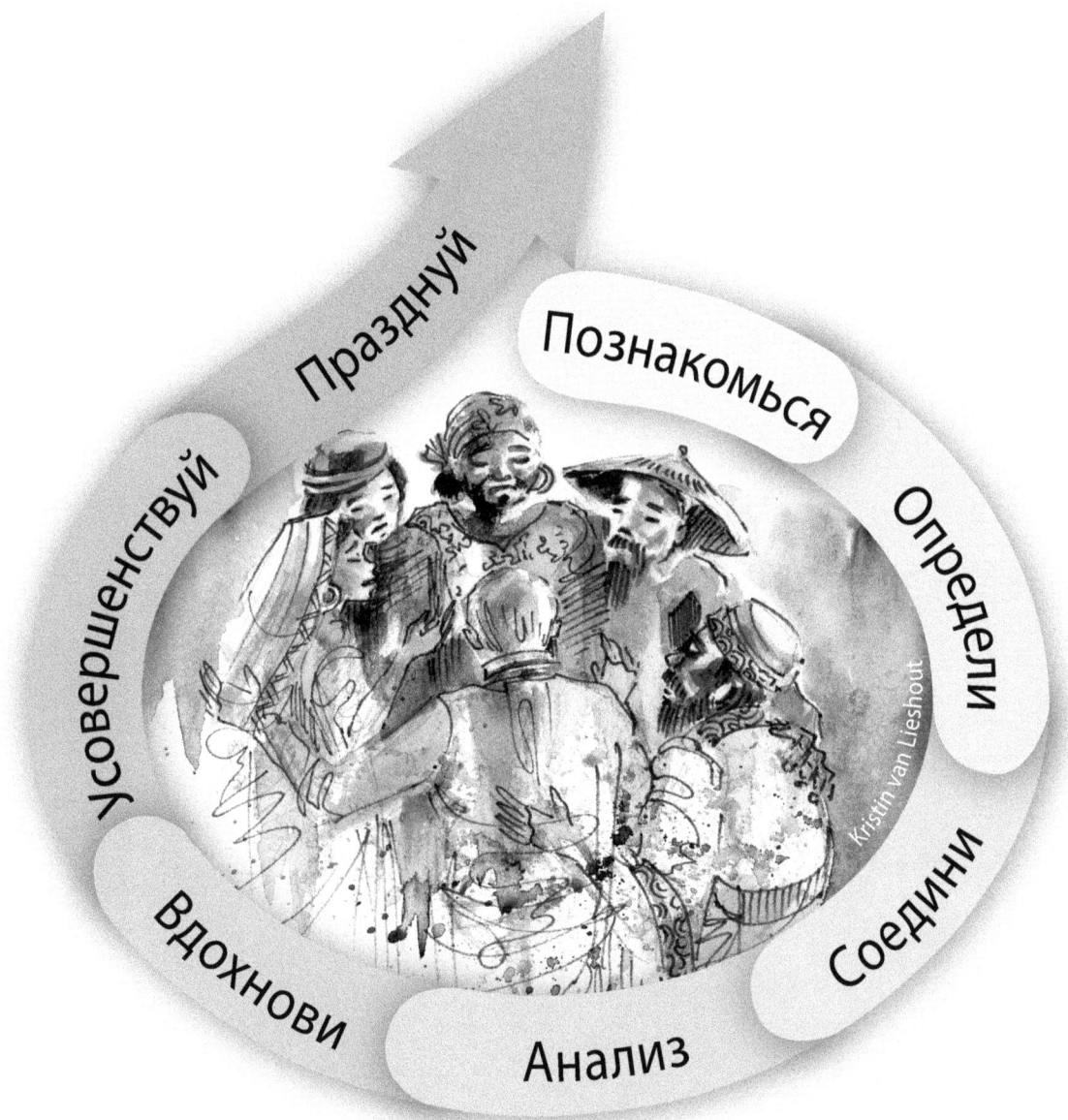

Познакомься

Определи

Соедини

Анализ

Вдохнови

Усовершенствуй

Празднуй

Kristin van Lieshout

Совместное создание народного творчества

Краткое руководство, помогающее сообществам создавать художественные произведения

Брайан Шраг и Джулиса Роу

Originally published in English under the title *Community Arts for God's Purposes:
How to Create Local Artistry Together* by GEN (Global Ethnodoxology Network)

Первоначально опубликовано организацией GEN (Глобальная сеть этнодоксологии) на английском языке под названием *Community Arts for God's Purposes: How to Create Local Artistry Together*

Издательство William Carey Publishing
10 W. Dry Creek Cir
Littleton (штат Колорадо), США 80120 | www.missionbooks.org

Издательство William Carey Publishing – служение организации Frontier Ventures
Пасадена (штат Калифорния), США | www.frontierventures.org

ISBN: 978-1-64508-366-5 (мягкий переплет), 978-1-64508-368-9 (цифровая версия epub)

Мировое издательство

28 27 26 25 24   1 2 3 4 5   IN

Совместное создание народного творчества (Со-Творчество)

Издательство William Carey Publishing (WCP) публикует материалы для формирования и распространения миссиологической тематики и диалога по всему

миру. Мы издаем широкий спектр книг, призванных разбудить мысль читателя; в качестве издательства мы выдерживаем нейтралитет в отношении мнений и позиций, содержащихся в данной публикации, или в работах, на которые она ссылается. WCP не может гарантировать точность URL-адресов веб-сайтов после даты выхода в печать.

Обложка и дизайн интерьера: Майк Ристер
Оформление внутренний стороны переплета: Джули Тейлор
Обложка нарисована Кристин ван Лисхаут
Перевод с английского: Анна Ежевская и Григорий Хасин
Редактор перевода: И. Павлый
Консультант: Наталья В. Болгар
Графика и верстка: MediaWorks, служение OM

Данный проект является совместным производством издательства William Carey Publishing,
GEN (Глобальная сеть этнодоксологов) и MediaWorks, служение OM

Содержание

Применение метода совместного создания народного творчества

Заключение

Рисунки

Об авторах

Брайан Шраг имеет степени в области когнитивных наук (ScB), межкультурных исследований (MA) и этномузыкологии (PhD). В 1990-х и 2000-х годах он работал лингвистом, переводчиком и этномузыковедом в Конго и Камеруне, с 2006 по 2019 годы был координатором этномузыкологии и искусств при организации SIL International, а в 2012 году основал Центр мирового искусства в Далласском международном университете. Основной жизненный проект Брайана - продвижение заряженного творчеством, ориентированного на коммуникацию поиска будущего, все более приближающегося к Царству Божьему. В настоящее время он занимается экспрессивной арт-терапией, миссионерской деятельностью и трансформационным развитием в различных мировых сообществах. Он и его жена Барб живут в Далласе, штат Техас.

Джулиса Роу имеет степени в области драмы (BA), межкультурного служения (MA) и этнодраматологии (DMiss). Среди ее профессий - консультант по межкультурным вопросом, преподаватель, актер и режиссер, а также директор ACT International в Кении, миссионерской организации для художников. Джулиса профессионально выступала, пела и режиссировала общественные и церковные мероприятия по всему миру в течение более тридцати лет. Она опубликовала несколько статей по этнодраматологии и книгу о драматическом чтении. В настоящее время Джулиса живет и работает в Кении.

ВСТУПЛЕНИЕ

В данном руководстве представлены новые принципы, кратко изложенные в «Основных идеях» ниже, а затем описанные более подробно.

Основные идеи

Системы, порождающие произведения искусства, состоят из взаимосвязанных компонентов: знаний, навыков, физических средств, социальных структур, а также людей, играющих разные роли.

Дать полное описание систем творчества очень сложно. И лишь немногие люди способны надлежащим образом описать творческие системы своего сообщества. Процесс, представленный в данном руководстве, помогает раскрыть динамику и нюансы таких систем.

Ни одна форма искусства не может донести содержание до всех людей в мире одинаково

Часто говорят: «Музыка – универсальный язык». И в это искренне верят. Они верят, что музыка производит одинаковое впечатление на всех людей из разных культур и народов. Это высказывание принадлежит американскому поэту Генри Уодсворт Лонгфелло, который утверждал, что «музыка – универсальный язык человечества, а поэзия – универсальное увлечение и источник радости».[1] При этом он восхищался музыкальным разнообразием итальянских, швейцарских, шотландских, английских и испанских песен. Он вовсе не имел в виду, что музыка выражается одинаково во всех культурах мира.

Музыка и другие виды творческого самовыражения существуют везде. Однако каждый вид самовыражения и творческого общения имеет свои особые формы и смыслы, присущие сообществу, в котором он существует.

---

1 Генри Уодсворт Лонгфелло, Outre-Mer: A Pilgrimage Beyond the Sea 1883 год, стр. 197 (в английском переводе).

ВСТУПЛЕНИЕ

ПОДГОТОВКА

ШАГ 1

ШАГ 2

ШАГ 3

ШАГ 4

ШАГ 5

ШАГ 6

ШАГ 7

ЗАКЛЮЧЕНИЕ

В любом сообществе местное творчество, происходящее из глубины народной жизни, несомненно обладает преимуществами, которых нет у иностранных образцов искусства

Преимущества народного творчества в том, что оно точнее, актуальнее, легче для запоминания и увлекательнее передаёт содержание, необходимое для воспитания и мотивирования людей.

Любое сообщество становится лучше от расцвета местного народного творчества

Все сообщества нуждаются в расцвете местного народного творчества. Больше всего в нём нуждаются малые народности, национальные и языковые меньшинства, у которых искусство находится на стадии застоя или вымирания.

Определённые виды творчества могут помочь сообществам достигнуть свои цели

В этом руководстве представлен подход, состоящий из семи этапов, под названием Совместное создание народного творчества (Creating Local Arts Together – CLAT, известный также как «Со-Творчество»). В сообществах, которые прошли этот процесс, наблюдаются положительные перемены.

Арт-организатор, применяющий этот 7-этапный подход, может положительно влиять на местное народное творчество.

Арт-организатор (человек, помогающий местному населению развивать творческие способности) может быть как одним из местных жителей, так и иностранцем, знакомым с внешней и внутренней культурой.

Основная задача арт-организатора – побуждать других создавать новые творческие формы и произведения.

При взаимодействии с местным населением организатор должен быть готов учиться, вступать в диалог, развивать и поддерживать творческие начала в других.

Сначала узнайте про уже используемые сообществом творческие жанры.

В основе данного руководства лежит необходимость глубокого понимания искусств, которые местное население считаем своими и применяет. Поэтому весь процесс начинается с того, что по просьбе арт-организатора местные жители создают перечень своих собственных творческих жанров («Первый взгляд на искусства сообщества», Шаг 1). Шаг 4 иллюстрирует взаимоотношения между европейскими и американскими творческими жанрами музыки, танца, театра, устного и визуального искусства и местными жанрами. Но легче начать с жанров местного населения, поэтому в нашем руководстве мы начинаем именно с классификации местных жанров.

Легче всего осмыслить сегодняшнюю миссию Церкви на земле в рамках более обширной истории Божьих отношений с людьми: Бог создал Вселенную, но люди испортили отношения с Богом. Тогда Иисус принёс им Небесное Царство. В конце Бог окончательно всё исправит, когда создаст новое Небо и новую Землю.

Христиане должны не только развивать виды искусства, появившиеся в народах по мере их развития, но и быть осведомлёнными о Божьем творчестве. Они должны понимать смысл своего творчества во всём Божьем мироздании и на Небесах.

Для кого предназначено это руководство?

Изначально мы предполагали, что этим руководством будут пользоваться христиане, работающие в межкультурном контексте, например миссионеры, гуманитарные работники и т. д. Но представленный здесь метод применим и ко многим ситуациям, не относящимся к межкультурному общению. Один служитель поклонения в США выразился так: «Мне надо сначала поближе узнать членов моей церкви, и тогда я смогу побуждать творческих людей к созданию новых работ для достижения Божьих целей».

С этим можно согласиться. Каждый человек представляет собой уникальную комбинацию жизненного опыта, идей, строения мозга, физических качеств, эмоций и других характеристик, и никто другой не обладает такой же комбинацией. Если вы хотите работать с народом, который говорит на другом языке, имеет другое мировоззрение, другую кухню, другое место проживания и другие социальные нормы, то для этого вам потребуется много усилий и навыков. Здесь мы предоставляем подробные научные и исследовательские данные и рекомендации по разным способам осуществления связанного с этим комплекса задач.

При этом наш подход можно также применить к людям, которые очень похожи на вас, например к вашим близким друзьям, супругу или супруге. Метод Со-Творчества можно применить даже к себе самому, чтобы больше понять свои *собственные* творческие и жизненные цели. Творить можно для того, чтобы улучшить собственное будущее.

В данном руководстве мы используем примеры, где пересекаются широкие границы культуры. Однако важно помнить, что метод Со-Творчества можно применять и во многих других контекстах.

Предыстория и выражения благодарности авторов

Мы назвали наше пособие «Краткое руководство по методу Со-Творчества» (*The Abridged CLAT Manual*). Оно создано на основе двух книг: «Поклонение и миссионерское дело для глобальной Церкви: Справочник по этно-доксологии» (*Worship and Mission for the Global Church: An Ethnodoxology Handbook*) и «Совместное создание народного творчества: руководство в помощь общинам для достижения целей Божьего Царства на Земле» (*Creating Local Arts Together: A Manual to Help Communities Reach Their Kingdom Goals*, William Carey Library, 2013). В создании этих двух книг участвовало много одарённых людей. «Краткое руководство по методу Со-Творчества» приспосабливает этот опыт и мудрость к нуждам более широкой аудитории, акцентируя внимание на наиболее практических принципах и методах.

В этом руководстве отображены идеи и события минувших столетий, но его целью является понимание настоящего. Центральным руководящим принципом тут является видение лучшего будущего - Небесного Царства. Соавторы извлекали уроки и примеры из разных сфер деятельности, таких как этно-музыкология, фольклор, исследование исполнительских искусств, антропология, библеистика, миссиология. Кроме того, мы ориентировались на вдохновляющие примеры творческой деятельности церкви в её двухтысячелетней истории. Что касается более современных влияний, то в части разработки нашего подхода мы признательны нашим предшественникам, которые начали применять средства этно-музыкологии в целях выполнения христианских задач. Мы особенно хотели бы отметить докторов наук Виды Ченоуэт, Роберты Кинг и Тома Авери. Ну и конечно, создание этого руководства было бы невозможным без вдохновения и связей Робин Харрис и Международного совета этно-доксологов (Global Ethnodoxology Network (GEN)).

«Краткое руководство по методу Со-Творчества», разумеется, несовершенное пособие подлежащее постоянному улучшению и развитию. В разных географических регионах оно будет порождать новые произведения искусства в различных формах. Мы берём на себя ответственность за его текущее очертание и содержание. И за все ошибки и упущения мы тоже несём полную ответственность. Теперь эта книга - ваша. Вы можете использовать её, играть с ней, добавлять или отнимать от неё, что захотите. Теперь на вас лежит ответственность за использование этого пособия. Пусть оно помогает другим создавать на Земле превосходные произведения искусств, с которыми вы ещё встретитесь и на Небесах!

Брайан Шраг и Джулиса Роу, 2020

ПОДГОТОВКА

Все искусства во всём мире для всех Божьих целей

ФАКТ: Люди говорят на почти семи тысячи языках по всему миру. Они общаются посредством речи. Они также обмениваются идеями с помощью песнен, театра, танцев, изобразительного искусства, повествования и других средств.

ФАКТ: У всех народов и сообществ отношения с Богом несовершенные. Все сталкиваются с социальными потрясениями, насилием, болезнью, гневом, половой безнравственностью, тревожностью и страхом.

ФАКТ: Бог наделил каждый народ уникальными способами творческого самовыражения, с помощью которых можно провозглашать Истину. Он дал каждому из нас уникальный дар творческого общения, чтобы принести исцеление, надежду и радость при решении повседневных проблем. Однако многие из этих даров не задействованы, угасают или используются не по назначению.

Цель этого руководства – подготовить вас к участию в создании новой реальности – такой реальности, в которой *все* культуры задействуют *все* дары для поклонения и послушания Богу и для наслаждения Богом *всем* сердцем, душой, разумением и крепостью (Марка 12:30). Иными словами, это руководство поможет вам работать вместе с местными музыкантами, танцорами, актёрами, художниками, скульпторами, рассказчиками и другими творческими личностями. Оно поможет вам вместе с ними создавать новые песни, танцы, спектакли, картины, скульптуры и рассказы. Оно поможет вам помогать другим строить Божье Царство в своих сообществах.

Мы организовали наши творческие занятия в порядке, которым они могут вести нас всех к Божьему Царству. А что такое Божье Царство? Иисус учил Своих учеников молиться за то, чтобы Божье Царство пришло

xii

ВСТУПЛЕНИЕ

ПОДГОТОВКА

ШАГ 1

ШАГ 2

ШАГ 3

ШАГ 4

ШАГ 5

ШАГ 6

ШАГ 7

ЗАКЛЮЧЕНИЕ

Совместное создание народного творчества

на Землю (Матфея 6:10). Иисус говорил, что в центре Божьего Царства находится Он Сам и Его Благая Весть (Марка 1:15). Божье Царство растёт и становится чем-то великим, но никто не может объяснить, как оно растёт (Марка 4). Ценности Божьего Царства отличаются от ценностей человеческих социальных систем (Марка 10:12; Луки 6). Оно приносит исцеление, но вместе с тем и духовные битвы (Луки 9:11). На Земле Божье Царство ощутимым образом отражает Небеса. Бог хочет, чтобы мы способствовали расширению Его Царства на Земле.

В настоящее время Божье Царство существует на Земле лишь частично. В каждом сообществе имеются аспекты, которые похожи на это Царство, и аспекты, которые ему противоречат. Ни одна человеческая культура не может быть совершенным отражением Божьего Царства, но так как Бог создал человека по Своему образу и подобию, проблески Его Царства существуют везде.

Как выглядит сообщество, которое вдохновляется и формируется ценностями Божьего Царства и его силой? В таком сообществе существует растущее Тело Христа - община Его последователей, поклоняющихся Богу в духе и истине. Члены этого Тела развиваются духовно, социально и физически. Пожилые члены сообщества передают соответствующее Божьему Царству содержание своих культур молодому поколению. Все в обществе имеют доступ к переводу Библии на своём родном языке. Молодые и пожилые запоминают Божье Слово и применяют его в своей жизни. В сообществе преобладает чувство справедливости, честности, здоровья и радости. Члены сообщества проявляют любовь и заботу о всех отверженных и обездоленных.

💬 Обсудите существующие примеры Небес на Земле.

Местные формы творческого самовыражения являются мощным ресурсом. Местное творчество укоренено глубоко в культуре людей. Оно затрагивает много важных аспектов жизни общества. Оно освещает важные темы, отделяя их от повседневных дел. Местное творчество затрагивает людей на интеллектуальном уровне, но в то же время даёт им эмоциональное переживание. Местное творчество помогает людям запомнить то, что они услышали. Оно усиливает воздействие произведения, используя множество средств, обращённых к разным чувствам человека. Оно сосредотачивает информацию, содержащуюся в произведении, и сближает исполнителей и зрителей. Местные искусства предоставляют общественно приемлемую структуру для выражения новых или тяжёлых для восприятия идей. Они вдохновляют людей и побуждают их к действию. Они могут стать важным знаком идентичности. Кроме того, они дают людям возможность воображать и мечтать. Но самое важное то, что местное творческое общение связано с конкретной местностью и принадлежит местному населению. Не обязательно переводить иностранный материал. Вместо этого лучше поднимать местных мастеров, которые смогут сами вносить вклад в расширение Божьего Царства.

> **Обсудите примеры особо сильного творческого общения из ваших личных наблюдений**

Наш метод поможет вам ближе сотрудничать с местным сообществом. Он поможет вам совместно выбирать те аспекты Божьего Царства, которые сообщество хотело бы развить и усилить. Мы покажем вам, как выявлять местные жанры искусства, с помощью которых сообщество могло бы достигать своих целей для Божьего Царства. Данное руководство содержит рекомендации, которые помогут вам вдохновлять людей на творчество и самовыражение в местных жанрах. В нём также показано, как присоединяться к уже происходящим творческим процессам. Это важно потому, что мы хотим помочь всем сообществам использовать уже существующие формы искусства для достижения новых целей как сейчас, так и в будущем.

Наш пример: три фазы жизни Иисуса

Вот как Павел описал служение Иисуса на Земле:

> *По смиренномудрию почитайте один другого высшим себя. Не о себе только каждый заботься, но каждый и о других. Ибо в вас должны быть те же чувствования, какие и во Христе Иисусе: Он, будучи образом Божиим, не почитал хищением быть равным Богу; но уничижил Себя Самого, приняв образ раба, сделавшись подобным человекам и по виду став как человек; смирил Себя, быв послушным даже до смерти, и смерти крестной.*

> (Послание к Филиппийцам, 2:3-8)

В этом отрывке из Писания можно проследить три аспекта Боговоплощения, которые демонстрируют, как следует вести миссионерское дело:

1. **Быть с ними.** Иисус покинул знакомое существование с Богом Отцом и примкнул к человечеству в Палестине (на Земле). И наша первая задача при выполнении миссионерского дела - это жить вместе с другими людьми общей жизнью и налаживать с ними добрые отношения.

2. **Учиться у них.** Первые 30 лет Своей жизни Иисус учился у людей в Палестине, прежде чем начать Своё собственное служение. Наше второе призвание как арт-организаторов - расспрашивать людей об искусстве и о целях их сообщества. Таким образом, учась у них, мы проявляем к ним любовь. Этот процесс может длиться достаточно долго.

3. **Стремиться к осуществлению их целей.** Иисус объявил Своё назначение и выполнил его только после того, как прожил три десятка лет вместе с людьми, учась у них (Матфея 4:23). Он реализовал цели Божьего Царства, работая бок о бок со Своими учениками.

Наша третья миссионерская задача (после того, как мы побыли с людьми и научились у них) - это вместе с ними определять цели и достигать их. В качестве помощников и организаторов мы с нашими новыми соратниками и друзьями исследуем различные варианты, пытаясь совместно определить способы достижения их целей посредством искусства.

ВСТУПЛЕНИЕ

ПОДГОТОВКА

ШАГ 1

ШАГ 2

ШАГ 3

ШАГ 4

ШАГ 5

ШАГ 6

ШАГ 7

ЗАКЛЮЧЕНИЕ

Когда ваша работа становится сложной, напоминайте себе об этих трёх основных действиях.

Все?

В названии этой главы трижды употреблено слово «все». В чём смысл такого повторения? «Все искусства» не значит, что Бог хочет, чтобы в Его Царстве были все творческие формы в их нынешнем состоянии. Скорее это значит, что нам следует относиться ко всем формам творческого самовыражения доброжелательно. Не нам судить о пользе и ценности определённого вида искусства для продвижения Божьего Царства. Об этом может судить только Бог. Конечно, все народы с их творчеством испорчены грехом, но Господь может всё искупить и восстановить. Процесс интеграции искусств в Божье Царство требует воссоздания или «творения заново». (См. Рис. 1 для ознакомления с нашим оценочным процессом, который называется «Внимательная контекстуализация».)

Например, не все творческие порывы сообщества и не всегда одинаково подходят для достижения Божьих целей. Некоторые танцы могут слишком сильно ассоциироваться с аморальностью или идолослужением, и применение таких танцев в данном сообществе может затянуть новообращённых христиан назад в их прошлое. Мы уверены, что в конце концов Бог всё восстановит для Своих целей (см. Матфея 19:28). А пока что нам лучше ориентироваться на водительство Святого Духа и мудрость местных верующих в решении о том, какие формы искусства использовать. Не надо торопить изменения для продвижения Божьего Царства.

Слова «во всём мире» указывают на то, что существуют тысячи способов творческого общения. Наше человеческое понимание ограничено. Нам не просто распознать формы искусства, с которыми мы не знакомы. Особенно трудно нам определить чужие формы искусства. Одна из целей этого руководства - расширить наше видение для того, чтобы мы могли охватить и увидеть все ресурсы, которыми располагает человечество. Мы хотим, насколько возможно, видеть искусство так, как его видит Бог.

Слова «для всех Божьих целей» напоминают нам о том, что Бог использует искусство, не ограничиваясь нашими категориями. В Священном Писании можно найти множество контекстов применения творческого общения: Богослужение, обучение, ведение духовной войны, празднование, ритуал, наставление, индивидуальный духовный рост, исцеление, исповедь, напоминание и многое другое. Мы создали это руководство для того, чтобы расширить наше собственное понимание о том, как искусство и творчество могут использоваться в литургии.

Внимательная контекстуализация[2]

Применяя Священное Писание к определённому виду искусства в контексте определённой культуры, мы должны искать мудрости Святого Духа. Следующие шаги представляют мудрый подход, основанный на большом молитвенном опыте.

- **Собирать информацию** о формах искусства вместе с местными жителями и узнавать о смыслах этих форм в наше время.

- **Осваивать библейские учения и принципы**, связанные с различными формами искусств, вместе с местными жителями.

- **Оценивать** значение местных форм искусства в свете библейского учения вместе с местными жителями.

- **Воодушевлять и поддерживать** местных жителей, чтобы они, исходя из того, что они узнали в ходе исследования, независимо принимали, отвергали или изменяли существующие формы для создания подходящей практики в контексте культуры.

Рисунок 1. Внимательная контекстуализация

ЧТО ТАКОЕ ИСКУССТВО?

В данном руководстве мы определяем искусство как особый вид общения. Как и все остальные системы общения, виды искусства связаны с конкретным местом, временем и социальным контекстом. В каждой системе имеются свои символы, своя «грамматика» и внутренняя структура. Изучение определенного вида искусства можно приравнять к изучению иностранного языка. Например, в тайском танце танцорка должна научиться двигать руками, бровями и шеей так, чтобы её действия были рассказом. А в других культурах умение двигать руками, бровями и шеей для рассказа не требуется. Не существует единого художественного «языка», способного точно передать информацию во все времена, во всех местах и культурах. Для того чтобы понять какой-либо вид искусства, мы должны в первую очередь изучить его, установив контакты с теми, кто его практикует. Поэтому знакомство с местными исполнителями и их творчеством является для нас приоритетом.

Художественные формы отличаются от других видов общения по нескольким ключевым параметрам. Во-первых, в художественном или творческом общении форме придаётся больше значения, чем в обычном повседневном общении. Например, поэтическая речь часто основывается на особых комбинациях звуков и мыслей, таких как рифма, ассонанс и метафора, между тем как в обыденном обмене информацией такие комбинации не нужны. Или танец вокруг барабана при выполнении сложной последовательности движений ногами основан на форме, а обычное хождение от одного места к другому не требует никакой формы. Подражание мимике мифического персонажа - это тоже вид общения, основанный на форме, а обычное выражение лица на форме не основано.

---

2   Изначально, понятие «критическая контекстуализация» было описано в книги Павла Хиберта *Anthropological Insights for Missionaries* (*Антропологичесие прозрения для миссионеров)*, 1985, стр.183-92.

ВСТУПЛЕНИЕ

ПОДГОТОВКА

ШАГ 1

ШАГ 2

ШАГ 3

ШАГ 4

ШАГ 5

ШАГ 6

ШАГ 7

ЗАКЛЮЧЕНИЕ

Во-вторых, искусство уникально своей ограниченной сферой взаимодействия. Творческие мероприятия, даже самые нестабильные, имеют начало и конец. Между началом и концом мероприятия участники взаимодействуют между собой по необычным моделям. Этномузыколог Рут Стоун описывает творческие мероприятия как «особо выделенные участниками и отделённые от естественного мира обыденной жизни».[3]

Наше руководство может помочь вам использовать эти и подобные характеристики, чтобы находить и описывать творческое общение. Мы поможем вам определять его в любом сообществе, где бы вы ни были, включая вашу родную среду. Мы используем довольно широкие параметры для нахождения и определения форм искусства, чтобы случайно не упустить новые важные виды общения, которые не входят в уже существующие категории. Наше понимание творческого самовыражения может включать в себя концерт испанского фламенко; репетиции к мюзиклу на Бродвее; картину на стене в кафе; поговорку, которую отец говорит своей дочери; ритмическое оплакивание скорбящих у могилы и т. п. Люди во всём мире используют множество разных видов искусств, и наш мир очень часто недооценивает эти потрясающие творческие ресурсы.

Обсудите примеры творческого самовыражения в вашем сообществе, которые могут быть непонятными для «чужих».

Как взаимодействуют искусство и культура?

Искусство или творческое самовыражение может как отражать культуру, в которой оно существует, так и влиять на неё. Творческое общение также отражает и другие аспекты культуры - искусство плотно вплетено в полотно повседневной жизни. Например, в племени калули в Папуа - Новой Гвинее имеется метафора «поднимающий звук». Она употребляется в нескольких сферах жизни и лежит в основе представлений племени калули о музыке. Два певца по очереди выполняют роль ведущего голоса, создавая таким образом переплетающиеся слои звука. Похожий феномен наблюдается в разговорной речи калули. Люди «перебивают» друг друга. Они создают смысл, «поднимающий» их вместе. В этом примере общераспространенная модель общения племени отражается в его музыкальной форме.[4]

Творческое общение может также изменять культуру. Оно обладает уникальной силой вдохновлять людей к действиям. Оно может вызывать чувство солидарности. А ещё оно создаёт социально приемлемую среду для наличия различных мнений. Можно привести один пример из Африканской апостольской церкви на юге Африке. Там женщины во время Богослужения могут высказывать свои жалобы против мужчин. Пропо-

---

3 Рут Стоун, диссертация Индианского университета «Communication and Interaction Processes in Music Events among the Kpelle of Liberia» (Процессы коммуникации и взаимодействия в музыкальных событиях народа Кпелле Либерии), стр. 37, 1979.

4 Стивен Фелд, статья «Sound Structures as Social Structure» (Структура звука как структура общества), Этномузыкология том 28, №3 (1984) стр.383-409.

ведовать им не разрешается, но они могут прерывать проповедь песней. У песни могут быть, например, такие слова: «Мужчины, перестаньте избивать ваших жён, и только тогда вы попадёте на Небеса!» Такие песнопения под руководством женщин символически защищают их от наказания за высказывание критики.[5] В данном случае творческое общение имеет силу изменять другие аспекты культуры. Искусство может также укреплять существующие структуры власти. Наглядным примером творческого общения, укрепляющего структуры власти, являются гимны государств.

Что такое творчество?

Это руководство предназначено для того, чтобы помочь вам вдохновлять людей на художественное творчество, способствующее расширению Божьего Царства. Для этого важно понять сам процесс творчества. Мы описываем его так: художественное творчество происходит тогда, когда один или несколько человек организуют новое мероприятие или создают новое произведение, способствующее расширению общения. Это новое произведение раньше не существовало именно в такой форме. В процессе создания этого произведения создатели задействуют свои собственные навыки, а также социальные нормы и символы своей культуры. Степень «новшества» мероприятия или произведения варьирует в зависимости от составляющих компонентов и их оригинальности. Каждая культура оценивает новшество произведения по-разному.

Чтобы понять творческий процесс в определённой культуре, нужно сначала познакомиться с самими создателями, а затем узнать, какие навыки, знания и методы им требуются для создания нового произведения. Для того чтобы произведение прижилось в обществе, его должны принять «стражи культуры», то есть люди, которые оказывают огромное влияние на принятие инноваций. Узнайте, кто эти «стражи культуры». Кроме того, узнайте, с какими ограничениями и традициями может столкнуться новая творческая работа. Кто влияет на то, как люди ценят, узнают и передают новое произведение?

В основе нашего подхода к творчеству лежит глубокое понимание традиции. Традиция – это не закостенелый корпус идей и обычаев, а то, что постоянно передаётся от человека к человеку, от поколения к поколению. Каждое такое действие передачи вносит большие или маленькие изменения. С помощью этого руководства вы сможете присоединиться к творческим людям в разных сообществах. Вы узнаете, как вдохновлять и инициировать моменты творческой деятельности, которые могут перерасти в устойчивую традицию. Традиции сохраняются благодаря людям, которые заинтересованы их передавать. А люди остаются заинтересованными, пока их творчество поддерживается социальными структурами и ресурсами. Кулинарный историк

---

5   Бэнетта Жульс-Росэтт, статья «Ecstatic Singing: Music and Social Integration in an African Church» (Экстатическое пение: музыка и общественное взаимодействие в Африканской церкви) в книге *More than Drumming: Essays on African and Afro-Latin American Music and Musicians* редактор: Айрин Джэксон, 1985, стр.119-44.

ВСТУПЛЕНИЕ

ПОДГОТОВКА

ШАГ 1

ШАГ 2

ШАГ 3

ШАГ 4

ШАГ 5

ШАГ 6

ШАГ 7

ЗАКЛЮЧЕНИЕ

Джон Эдж однажды сказал: «Традиция – это инновация, которая имеет успех».6

Все, кто участвовали в создании этого руководства, могли бы привести примеры исключительно одарённых художников, музыкантов, танцоров и других творческих людей, которые вдохновляют и мотивируют нас. Иногда одарённые люди воспринимают мир иначе. Иногда они чувствуют себя вынужденными играть с традициями и коренным образом менять их. Люди, которые влияют на традиции, изменяют стандарты. Мы хотим побуждать этих «изменяющих стандарты» людей творить для Бога и Его Царства. Творчество для Бога должно быть особенно плодотворным потому, что оно непосредственно соединяет творцов с Величайшим Творцом. Тем не менее, в целях нашего руководства мы сосредоточимся на творчестве как общественной деятельности. Мы акцентируем внимание на творческом процессе, в котором участвуют все. Предлагаем вам такое вероисповедание:

В начале Бог сотворил:
- Небо и Землю
- день и ночь
- воду и почву
- растения и животных
- мужчину и женщину.

Бог создавал *ex nihilo* (из ничего).
Чего не было, то теперь стало.
И это было хорошо.
Бог создал нас по Своему образу.
И Его образ в нас частично выражается в нашем желании и способности творить.

Мы создаём:
- города и дамбы
- дома и магазины
- одежду и мебель
- рассказы, песни, танцы и маски.

Мы создаем *ex creatio* (из того, что уже создал Бог)
- каждый раз, когда мы пишем письмо или электронное сообщение
- когда мы приветствуем или утешаем кого-либо
- когда мы готовим блюдо, играем в игру или танцуем
- когда мы пишем портрет или набрасываем зарисовки

Каждый раз, когда мы делаем что-либо новое, чего не было раньше, для новой цели или в новом контексте, не повторяя в точности предыдущую цель или контекст… мы творим, как Бог.

Но любовь побуждает нас сделать ещё один шаг вперед и научить сыновей и дочерей, братьев и сестёр поручить кому-либо написать песню или стих или смастерить стул помочь кому-либо перевести Библию на родной язык дать частные уроки беженцу вырастить ребёнка

6   Джон Т. Эдж, пост на Twitter, февраль 12, 2010, 6:49 утра: http://twitter.com/johnedge/status/9009036481.

> Каждый раз, когда мы вдохновляем или подготавливаем другого человека на творческое самовыражение, мы совершаем один из самых высоких, удовлетворяющих и продолжительных актов любви.
>
> Мы не Бог, но через нас протекает творчество.
>
> И в этом мы подобны Богу.

1. Перечислите примеры вашего творчества.
2. Перечислите примеры того, как вы помогли кому-либо творить.
3. Обсудите примеры других вещей, созданных Богом.

Кого мы должны воодушевлять?

Большинство людей в мире владеют несколькими языками. Кроме того, они играют и слушают музыку, танцуют, рассказывают истории и участвуют в других искусствах, присущих определённой традиции или географическому месту. В каждом обществе существует уникальная, постоянно меняющаяся комбинация местных, региональных, национальных и интернациональных видов творческой деятельности. То же самое можно сказать и о переживаниях каждой личности в любом обществе или группе. Как же нам знать, где нам присоединиться к творчеству? Ваш ответ зависит от двух условий: во-первых, от истории распространения Церкви (миссии) в вашем сообществе; и во-вторых, от вашего личного призвания.

Три подхода к искусству в миссионерской деятельности

На протяжении истории, у христиан было три подхода к распространению веры:

1. Принести и научить
2. Строить новые мосты
3. Находить и поддерживать

Хотя эти три подхода совершенно разные, между ними существует сложное взаимодействие.

1) Люди, работающие в межкультурной среде с подходом «Принести и научить», приносят своё искусство народам другого общества. Они обучают местных жителей чужим формам искусства и творческого самовыражения. История церкви полна примерами такого подхода. Он применяется и в наши дни. Например, через неделю после прибытия в сельскую местность Демократической Республики Конго, я уже мог петь песню под названием «Екангенели На Есу». Эту песню принесли туда западные миссионеры. Они наложили лингаланские слова «Екангенели На Есу» на мелодию всем известной на Западе песни «Auld Lang Syne».

В результате подхода «Принести и научить» может образоваться один общий творческий язык, сближающий людей по всему миру. Иногда этот метод также способствует красивому и приятному сочетанию культур.

ВСТУПЛЕНИЕ

ПОДГОТОВКА

ШАГ 1

ШАГ 2

ШАГ 3

ШАГ 4

ШАГ 5

ШАГ 6

ШАГ 7

ЗАКЛЮЧЕНИЕ

Он вносит в поклонение Богу вдохновляющее чувство таинственности. Однако подход «Принести и научить» имеет свои опасные и нежелательные последствия. Он часто приводит к неверному пониманию эмоций и идей. Общество воспринимает Бога чуждым, а местные мастера и творцы искусств чувствуют себя ненужными и падают духом. Общество, в котором они живут, воспринимает христианство как нечто, не имеющее к ним отношения. Разнообразие Божьего Царства не представлено должным образом.

2) Люди, которые следуют подходу «Строить новые мосты», знакомятся с искусством другого сообщества достаточно хорошо, чтобы использовать искусство в своём служении. Например, арт терапевты используют местные материалы или песни, чтобы помочь страдающим детям пройти процесс исцеления. Подход «Строить новые мосты» может также приводить к сотрудничеству и взаимодействию между мастерами из разных культур для общих целей. В результате создаются произведения с характеристиками разных традиций.

Модель «Строить новые мосты» часто даёт возможность за короткое время достичь первоначального прогресса. Этот подход успешно применяется в общинах, переживших травму, потому что у травмированных людей часто не хватает ресурсов и энергии для собственного творческого самовыражения. Для таких общин без ресурсов «Строить новые мосты» является хорошим подходом. Этот подход также содействует поддержанию здоровых взаимозависимых отношений, где все могут в равной степени делиться своими искусствами. Однако разница в статусе и власти между межкультурным работником и местными творческими людьми создаёт проблемы. Более высокое общественное положение иностранца может отрицательно сказаться на местных творцах и значительно уменьшить их решительность и смелость. Подход «Строить новые мосты» может также привести ко кратковременным результатам. Новая совместная творческая деятельность, не укоренённая в местных традициях и социальных системах, рано или поздно ослабнет и сойдёт на нет.

3) В подходе «Находить и поддерживать» арт-организатор знакомится с местными деятелями искусства и узнаёт об их деятельности от них самих. Организатор учится у них и при этом поддерживает их деятельность и побуждает их творить в знакомых им формах. Таким образом арт-организатор играет роль проводника творческой энергии других людей. Он помогает создавать новые произведения искусства, органично вытекающие из сообщества. Этот подход обычно занимает больше времени, чем первые два подхода, потому что требует построения более тесных отношений с местным населением. Также этот подход требует посвятить себя постоянному познанию чего-то нового.

Конечно, ни один из этих трёх подходов не является совершенным, и каждый из них имеет свои недостатки, но наше пособие предназначено в основном для людей, которые следуют третьему подходу. На это есть две причины. Во-первых, мы считаем для себя главным образцом Иисуса, а Он, будучи вечным Царём Небесного Царства, покинул Свою небесную культуру и стал человеком. Он тридцать лет учился ходить, разговаривать, петь и одеваться так, как небольшое земное сообщество, в котором он жил. Только после этого Он приступил к Своему служению (Послание к Филиппийцам, гл.2). И мы, как Иисус, должны слиться с местными людьми, учиться у них, и только после этого давать им что-либо. Во-вторых, мы считаем, что церковь в своих миссионерских стратегиях в основном пренебрегает этим подходом, а такое пренебрежение часто приводит к трагическим последствиям.

> **Обсудите примеры каждого из трёх подходов к распространению Божьего Царства: «Принести и научить», «Строить новые мосты» и «Находить и поддерживать».**

Ваше личное призвание

Мы предлагаем вам три критерия, с помощью которых вы можете определить, как вам будет лучше всего использовать свои ограниченные таланты, время и силы в определённом сообществе.

Во-первых, попросите Бога показать вам, где Он уже активно действует. При этом не забывайте, что Его голос может быть не самым громким и очевидным.

Во-вторых, начните процесс поиска вместе с другими членами сообщества. Вместе вы будете мудрее и скорее поймёте, где и как вам следует работать. Подходы, описанные в этом руководстве, вместе с вашим прошлым опытом уже произвели в вас ценные знания и новый опыт. Если вы подчинились процессу принятия решения, во главе которого стоят местные жители, то не бойтесь смиренно говорить истину с вашей точки зрения.

В-третьих, уделяйте дополнительное внимание местным мастерам, которые представляют более старые традиции с географическими или этническими корнями. Мы советуем сосредоточить внимание на местных мастерах, потому что они обладают уникальными навыками и знаниями. Во многих местах таким знаниям и навыкам грозит полное исчезновение. Для того, чтобы сообщества процветали, необходимо сочетание глубоко укоренившихся традиций и инноваций. Наше рабочее определение местного вида искусства следующее: местный вид искусства – это творческая форма общения, на основании которой люди могут создавать искусство, исполнять его, обучать ему и понимать его. Для понимания необходимо знание творческих форм, смыслов, языка и социального контекста.

Сообщество соединяется очно и заочно, при помощи средств массовой информации и т. п. Члены сообществ находят и узнают друг о друге, исходя из собственных интересов. Однако знакомства также происходят в контексте социальных, финансовых, церковных и других местных и глобальных влияний. Люди многоязычны, мульти-культурны и мульти-художественны. Сообщество, в котором существует ощутимое стремление к Божьему Царству, состоит из членов, рассуждающих о ценности и цели каждой творческой формы самовыражения. Они стремятся к тому, что-

ВСТУПЛЕНИЕ

ПОДГОТОВКА

ШАГ 1

ШАГ 2

ШАГ 3

ШАГ 4

ШАГ 5

ШАГ 6

ШАГ 7

ЗАКЛЮЧЕНИЕ

бы найти оптимальное сочетание ценностей и целей, прославляющих Бога.

> **Обсудите, какими уникальными способами Бог может действовать в вашем сообществе.**
>
> **Обсудите конкретные способности, навыки и знания, которые вы обрели с Божьим руководством.**
>
> **Обсудите, как Бог хочет, чтобы вы относились к старым традициям в вашем сообществе.**

Кто что делает?

Мы написали это руководство для вас, арт-организаторов – людей, занимающихся развитием художественного творчества на местах. Вы хотите помочь местным жителям (возможно, членам вашего собственного сообщества) полнее включить искусство в ткань своей повседневной жизни. Вы хотите сделать их жизнь лучше – как на Земле, так и в вечности. Ваша главная задача – помочь другим создать нечто новое в уже знакомых им жанрах. Если вы сами артист или художник, возможно, вы пытаетесь найти новые пути для собственного творчества. Развитие своих талантов – замечательная вещь, но как руководитель вы в первую очередь обязаны помогать другим создавать новые художественные произведения. Это пособие поможет вам более эффективно помогать другим.

В процессе творческого сотрудничества и «Со-Творчества» нужны специалисты, обладающие целым рядом различных навыков и познаний. К некоторым необходимым навыкам, в частности, относятся:

- художественное чутьё и способности

- навыки исследования культуры

- способность налаживать отношения с местными, региональными и национальными сообществами

- навыки планирования и организации

- навыки передачи смысла и информации в разнообразных ситуациях

- технические навыки в части аудио- и видеозаписи, а также режиссуры и производства аудио и видеоматериалов

Ни один человек сам по себе не может делать всё, что требуется для проекта «Совместное создание народного творчества». Именно поэтому в нашем руководстве так часто встречаются слова «совместный» и «мы», а также другие слова и местоимения множественного числа. Мы даём вам руководство, что именно следует делать, не указывая, кто должен брать на себя ту или иную роль.

Задумывая нашу работу, мы исходили из двух типов арт-организаторов. Первый тип – это миссионеры, которые собираются служить в сообществе достаточно продолжительное время. Им необходимо руководство в вопросах того, как начинать, планировать и реализовывать проекты, связанные с местными и народными искусствами. Мы надеемся, что в конце концов таким миссионерам пригодится всё содержание нашего пособия. Другой тип – это те, кто может посвятить относительное короткое время и немного сил для поддержания местного творчества. Возможно, им достаточно будет просто просмотреть наше пособие, и они смогут найти в нём для своей работы что-нибудь полезное. В конце этой главы, в разделе «Если у вас немного времени» даются советы о том, как за короткое время сделать как можно больше работы и быть эффективным. Наше пособие предназначено в первую очередь для людей, работающих в другой культурной среде, но оно будет полезно и тем, кто поддерживает искусство в своём обществе или регионе.

К какой бы категории вы ни принадлежали, мы хотим помочь вам принести в жизнь сообщества творческое общение. Мы исходим из того, что у вас есть доступ к людям и организациям, которые могут помочь вам в этой работе. Люди и организации должны иметь базовые навыки, ресурсы и знания для того, чтобы двигаться к исполнению Божьих замыслов в той или иной ситуации. Для пояснения скажем, что мы, например, не даём здесь методических указаний о том, как начать программу повышения грамотности или составить букварь. В подобной ситуации нашей целью скорее будет показать, как воспользоваться текстами местных песен для обучения чтению, какую важную роль могут играть народные танцы для стимуляции тяги людей к чтению, какие способы существуют для включения визуальных мотивов народного творчества в рисунки для букваря. Ещё один пример: мы не разрабатываем теологические предпосылки и методологии для основания новых церквей. Наша роль – ознакомить обучающихся с принципами сближения с местными художниками и артистами, чтобы затем включить их таланты и их находки в идущий параллельно процесс основания церкви.

Если вы совсем недавно приехали в сообщество, то вы скорее всего не обладаете навыками создания произведений искусства ни в каком из жанров, существующих в этой культуре. Ваш вклад в творческий процесс, скорее всего, будет заключаться в помощи членам сообщества в развитии их творческих импульсов. Возможно, вы сможете предложить им конструктивную критику и анализ. А может быть, вы найдёте способы применения новых творческих форм в их жизни. В конце концов, не исключено, что вы овладеете местной традицией настолько хорошо, что сможете сами начать художественную деятельность и в результате оказать глубокое влияние на стремление местных жителей к творчеству[7]. Но помимо всего этого, мы хотим помочь вам наладить отношения с людьми в сообществе. Мы хотим, чтобы в результате этих отношений местные художники и артисты создавали произведения в уже существующих жанрах. Мы хотим, чтобы новое творчество содействовало расширению и углублению Божьего Царства на Земле.

---

7 Описание работы Тома Авери среди народа канела в Бразилии можно найти в следующем источнике: *Worship and Mission for the Global Church: An Ethnodoxology Handbook* (2013, William Carey Library), Jack Popjes, «Now We Can Speak to God–in Song,» глава 73.

ВСТУПЛЕНИЕ

ПОДГОТОВКА

ШАГ 1

ШАГ 2

ШАГ 3

ШАГ 4

ШАГ 5

ШАГ 6

ШАГ 7

ЗАКЛЮЧЕНИЕ

Какие знания и способности вы можете задействовать в данном процессе?

Какие знания и способности следует привлекать со стороны?

Какова может быть ваша роль в процессе «Со-Творчества»?

Как пользоваться этим пособием

Гибкое руководство

Мы организовали процесс «Совместного создания народного творчества» в виде шагов. Эти шаги пронумерованы, потому что последовательность шагов логична, и каждый предыдущий шаг естественно переходит в следующий. Тем не менее, эти шаги не всегда следуют в таком порядке. Например, для того чтобы усовершенствовать новый рассказ или сказку, коллективу, возможно, придётся более внимательно исследовать художественные особенности хороших народных историй, известных в их обществе. Для этого придётся вернуться к шагу анализа. В идеале вы вместе с местными жителями экспериментируете с разными идеями, пробуете новые варианты, делаете выводы и учитесь. Потом выполняете дополнительные исследования, пробуете опять, и процесс продолжается: действие и размышление, размышление и действие. Этот процесс приводит к плодотворному творчеству. К этим семи шагам следует относиться, как к хорошо обоснованной надежной модели, а не как к неизменному закону. Это как бы семь бесед, которые вам нужно провести, чтобы повысить вероятность успеха.

Ещё одно предупреждение относительно нашего пошагового руководства: в нескольких шагах имеются элементы других шагов. Очень важно понимать, что, когда вы в шаге 5 (вдохновить и побудить к творчеству) создаёте новые произведения, ваши действия фактически состоят из нескольких шагов. Например, семинар по ткачеству с вплетением в полотна библейских советов об успешной брачной жизни может включать шаги анализа, вдохновения, усовершенствования и интегрирования. Наша цель не в соблюдении жёсткой и неизменной последовательности шагов. Мы стремимся помочь членам местного сообщества уделить необходимое внимание каждому компоненту этого процесса. Дополнительные ресурсы можно найти на сайте Справочника по этнодоксологии (www.ethnodoxologyhandbook.com).

Особенности этого пособия

В этом пособии вам будут встречаться задания, отмеченные фразой «С первого взгляда». Творческое общение - сложный процесс, и иногда у нас опускаются руки, мы не знаем, с чего начать анализ. Разделы «С первого взгляда» предназначены для того, чтобы дать вам краткий перечень ключевых элементов. А далее мы показываем, как углубляться в материал.

Некоторое содержании было отформатированно особым образом. Также вы увидите эти значки, указывающие на разные типы заданий:

Серое текстовое поле указывает на особенно важный текст, к которому рекомендуется неоднократно обращаться.

ВСТУПЛЕНИЕ

ПОДГОТОВКА

ШАГ 1

ШАГ 2

ШАГ 3

ШАГ 4

ШАГ 5

ШАГ 6

ШАГ 7

ЗАКЛЮЧЕНИЕ

Некоторые советы и напутствия

Обсудите проект «Совместного создания народного творчества» с руководителями

Вы обязательно должны обсудить процесс «Со-Творчества» с руководителями, имеющими отношение к вашим связям в сообществе. Если вы состоите в другой организации, сотрудничающей с сообществом, то все соответствующие руководители должны понимать ваши цели и процесс, описанный в этом руководстве. Возможно, вы сами организуете встречу, чтобы объяснить им процесс «Со-Творчества».

Постоянно ищите и исследуйте

Стремление глубоко познать другого человека – это основа любви. А ещё оно необходимо вам для успеха во всём, что вы делаете. Поэтому, если вы не знаете, что вам делать, пойдите к людям и задайте им вопросы, потанцуйте с ними или посетите их творческие мероприятия. Всё это поможет вам глубже познавать их. Исследование равнозначно познанию, а познание равнозначно любви. Когда мы изучаем какое-либо сообщество, мы познаём его, а когда мы его познаём, то доказываем свою любовь к людям в этом сообществе.

Иногда во время ваших исследований вы можете столкнуться с верованиями и обычаями, которые противоречат вашей христианской вере. В таком случае вам следует как бы на некоторое время отложить в сторону свои убеждения. Конечно, нельзя участвовать в действиях, которые могут быть неугодными Богу. Но при этом важно хотя бы на короткое время представить себя на месте ваших друзей и постараться их понять. Это может быть нелегко, поэтому усиленно молитесь.

Всё (почти) основано на отношениях

Для нас высшую ценность представляют люди. Нам нужно не просто выучить формы творчества других людей, но выстроить с ними отношения. Когда вы хотите что-либо сделать, попросите разрешение. Заслужите право задавать вопросы. Проявляйте уважение к местным ограничениям позволенного (например, если вы мужчина, вам не следует добиваться, чтобы вам разрешили изучать церемонию инициации женщин). Чаще всего ваши искренние взаимоотношения с людьми создадут для вас возможность участвовать в их жизни. А иногда связи других людей с членами сообщества помогут вам наладить ваши собственные связи. В любом случае не забывайте, что, хотя нас глубоко интересует именно творческая жизнь людей, мы прежде всего должны относиться к ним, как к людям.

А что, если они этого не хотят?

Даже если вы в совершенстве исполните всё, описанное в этом пособии, с полным смирением и уважением (хотя это невозможно), вы всё равно почти неизбежно столкнётесь с противостоянием. У противостояния могут быть разные источники: сообщество может не ценить мастеров искусства; люди могут выступать против использования определённых видов искусства в определенных контекстах в силу своих теологических или идеологических убеждений; предыдущие неуспешные попытки создавать новое искусство могут вызывать отрицательные чувства. Кроме того, на весь процесс могут повлиять давно установившиеся традиции или недооценка преобразовательного потенциала творческого общения. Наш подход совместного создания народного творчества в определённом обществе должен смягчить все эти преграды, но он не может полностью их устранить. Далее мы предлагаем вам дополнительные советы, которые помогут вам выполнять эту работу с большим успехом и душевным спокойствием.

Во-первых, защищайте мастеров, с которыми вы работаете. Любите их и молитесь о них. Каждый раз, когда они создают что-нибудь для общественности, они становятся уязвимыми к негативным силам своей культуры. Во-вторых, по мере возможности полагайтесь на существующие структуры власти. Это не всегда получается, потому что искусство нередко несёт в себе истины, от которых властям бывает неудобно. Тем не менее, если местные руководители готовы прислушиваться, то они поймут, что предлагаемые изменения могут принести много пользы в перспективе. В-третьих, вы можете начать с небольшого пробного проекта. Организуйте создание нескольких произведений в местных жанрах, которые можно будет использовать для продвижения Царства, и представьте эти произведения руководителям сообщества. Успех в этом деле может оказаться ключевым для дальнейшей работы с творческим самовыражением. В-четвёртых, будьте дружелюбны и настойчивы в ваших отношениях. В-пятых, не бойтесь пытаться и ошибаться. Развивайте в себе смирение и помните, что Божий план для вас и для данного сообщества никогда не бывает таким, каким вы его себе представляете. И, наконец, в-шестых, часто разговаривайте с Богом. Он Сам сообщит вам всё, что вам надо знать, ведь всё это делается для Его Царства. Помните эти слова: «Если же у кого из вас недостаёт мудрости, да просит у Бога, дающего всем просто и без упрёков, – и дастся ему» (Иаков 1:5).

По возможности помогайте руководителям планировать творческие мероприятия

Основной причиной, по которой сообществам и организациям не удаётся интегрировать в свою работу своё искусство, является недостаточное планирование. Вы можете помочь им решить эту проблему. Сначала вам нужно узнать о процессе принятия решений руководителей церквей, неправительственных организациях (НПО) и других групп, взаимодействующих с сообществом. Затем вы можете вежливо попросить у них разрешение участвовать в этих процессах подобающим способом и в подходящее время. Подготовьтесь хорошо. Будьте готовы делать конкретные предложения о том, как люди могут задействовать ценные творческие ресурсы своего сообщества для достижения общих целей.

Планирование – ключевой аспект успешной долгосрочной интеграции творческой деятельности в сообществе ради целей Божьего Царства. Собственно говоря, процесс «Совместного создания народного твор-

ВСТУПЛЕНИЕ

ПОДГОТОВКА

ШАГ 1

ШАГ 2

ШАГ 3

ШАГ 4

ШАГ 5

ШАГ 6

ШАГ 7

ЗАКЛЮЧЕНИЕ

чества», состоящий из семи шагов, уже сам по себе является методом планирования. Эти семь шагов можно применять и к другим методам. Может случиться так, что вы будете работать с организацией, у которой уже есть собственный метод планирования. В таком случае постарайтесь адаптировать шаги, описанные в нашем пособии, к их системе, и в разговорах с ними используйте знакомые им понятия и термины.

Ещё одно предупреждение: как бы прилежно вы с вашим сообществом не планировали свои действия, пути Господа неисповедимы – у Него могут быть другие, непредвиденные планы. Поэтому планируйте, но будьте готовы выслушать других, ведь не исключено, что Бог может действовать в жизни человека не так, как мы предполагаем. С радостью принимайте от Бога сюрпризы!

Вы не можете сделать всё, но можете сделать достаточно

Испокон веков человечество потрясающим образом интегрирует свои творческие произведения в общественную жизнь. И все это происходит без помощи нашего пособия. Иногда отдельные люди и группы людей создают произведения искусства без особой цели, просто потому что загорелись желанием. И иногда в результате таких творческих побуждений появляются произведения искусства, которые широко распространяются в народе и становятся как бы «закваской» Божьего Царства, совершенно непредсказуемо и в высшей степени положительно. И, возможно, вам даже не придётся проделывать эту работу.

Однако многим группам это пособие принесёт пользу. У каждой общественной группы есть свои артистические формы самовыражения, бесконечно разнообразные и сложные. Даже самому опытному мастеру всегда ещё чему учиться и совершенствоваться в своём искусстве. Ситуация усложняется тем, что физический и социальный контекст любого сообщества постоянно меняется. Иногда сообщество переживает драматические изменения. А значит, невозможно полностью выполнить все задания и шаги в этом пособии. Даже если бы вы решили сосредоточиться на одном виде искусства, у вас бы не хватило времени. Нельзя объять необъятное…

Но можно сделать достаточно!

Научные исследования в области этномузикологии, искусствоведения, антропологии, миссиологии и нейронауки дают нам основание полагать, что важные закономерности творческого общения можно понимать и изучать. Божье видение вечного Царства включает в себя все языки и народы (Откровение 7). Мы можем знать друг друга, но из-за сложностей и многогранностей сообществ, наше взаимодействие с другими народами похоже скорее на творческо-приключенческое переживание, а не на научный процесс. Это пособие следует использовать для усовершенствования и расширения понимания творческого общения в Божьем Царстве, но не нужно стараться делать всё. Фокусируйтесь на том, что представляется вам наиболее актуальным и продуктивным.

Подготовка

xxix

ВСТУПЛЕНИЕ

ПОДГОТОВКА

ШАГ 1

ШАГ 2

ШАГ 3

ШАГ 4

ШАГ 5

ШАГ 6

ШАГ 7

ЗАКЛЮЧЕНИЕ

Если времени немного

Возможно, у вас мало времени или нет достаточных ресурсов, чтобы пройти весь процесс, описанный в этом руководстве. А может быть, вы не знаете, с чего начать. В этом разделе даются краткие рекомендации для проведения творческих мероприятий, не требующих длительной подготовки. Вы можете начать с таких мероприятий, а в дальнейшем, когда у вас будет время, пройти весь процесс. Ни одно исследование в сфере искусства, ни одно творческое начинание не может быть пустой тратой времени.

Прежде всего ищите то, что может вас объединять с местными мастерами. Возможно, какой-то вид искусства вас заинтересует - вы обнаружите, что он вам по душе. Возможно, вы имеете опыт или навыки в каком-то художественном жанре, например в танце или вязании, или вы знакомы с каким-то мастером. В любом случае важно помнить о том, что ваша цель - узнавать людей, которые занимаются народными искусствами, и поддерживать их. Старайтесь знакомиться с ними и поддерживать хорошие отношения. Если вы можете сделать только одно дело, то попросите какого-либо мастера научить вас чему-либо.

Простые действия для занятий искусством

- Составьте список местных художественных жанров, следуя инструкциям в разделе «Первый взгляд на практикуемые искусства» в Шаге 1.

- Посещайте творческие мероприятия и вкратце описывайте их в блокноте.

- Собирайте музыкальные инструменты.

- Транскрибируйте слова песен.

- Изучайте язык и культуру с помощью мастеров. Общайтесь с ними в дружелюбной, неформальной атмосфере.

- Делайте видео- или аудиозаписи песен, мероприятий в посёлке, пословиц и т. п., организовывайте их по жанрам, композиторам, авторам и т. п.

- Научитесь играть на инструменте, танцевать, играть в спектакле, вязать или рассказывать истории в местном жанре.

- Обсуждайте следующие темы с местными друзьями и коллегами:

  - Откуда берут истоки художественные искусства в сообществе? Кто создал произведения, которые используют или исполняют в сообществе?

  - Как в общем относятся к местным творческим людям? Положительно или отрицательно?

  - Существуют ли в исполнении произведений какие-либо компоненты с особым символическим значением? Например цвета, формы, инструменты или костюмы?

  - Как современное творчество в местных жанрах отличается от прошлого? Передаются ли творческие формы из поколения в поколение? Как молодёжь совершенствуется в том или ином жанре?

XXX

ВСТУПЛЕНИЕ

ПОДГОТОВКА

ШАГ 1

ШАГ 2

ШАГ 3

ШАГ 4

ШАГ 5

ШАГ 6

ШАГ 7

ЗАКЛЮЧЕНИЕ

Совместное создание народного творчества

- Существуют ли особые виды искусства, в которых могут участвовать только мужчины, только женщины или только дети?

- Что ощущают люди, когда участвуют в различных местных формах творческого самовыражения? Бывают ли они в состоянии экстаза?

- Каким образом местные искусства связаны с религиозными верованиями?

- Какие творческие самовыражения этой культуры в настоящее время не используются для поклонения Богу и почему? Желает ли Бог «искупить» такие виды искусства для целей Своего Царства, и если да, то как?

Рисунок 2. Простые действия для занятий искусством

Основные мотиваторы: несколько слов про Небеса и ад

Мы утверждаем, что основным мотиватором для использования этого пособия являются признаки Божьего Царства. Мы хотим, чтобы Божьи люди по всему миру занимались творчеством и чтобы их творчество больше утверждало Небеса на Земле. Однако мы ещё не упомянули о самом первом признаке Божьего Царства в сообществах. Этим первым признаком является существование каждого отдельного человека. Бог создал людей по Своему образу. Само существование каждого ребёнка, каждой женщины, каждого мужчины указывает на Божий дом – Небеса. Как этот основополагающий признак должен влиять на нашу работу?

Ответ на этот вопрос в какой-то мере зависит от нашей веры в две отдельные формы вечного существования: Небеса и ад. Небеса связаны с Триединым Богом (Отцом, Сыном и Святым Духом) и со всем добром. Ад связан с сатаной и со всем злом. На земле эти реальности становятся сложными и запутанными. Например, Адольф Гитлер работал над своими ораторскими способностями и усовершенствовал их так, что его речи трогали людей, радовали и вдохновляли. Творческие способности Гитлера в каком-то смысле отражали творчество Бога, но Гитлер использовал свои таланты для зла, и они принесли людям жестокость, ужас, отчаяние и страдания. Негативные последствия творчества Гитлера в каком-то смысле отражали злые желания сатаны. Мы верим, что реальности Небес и ада намного превышают все наши представления о них, как в земной жизни, так и в вечности.

Эти истины нас многому учат. Во-первых, мы должны высоко ценить каждого человека и его таланты. Один человек, который много путешествует, рассказал, что непривычные ему стили одежды, причёски, звуки и запахи невольно вызывают у него отрицательную реакцию, и тогда он повторяет сам себе: «Это Божий образ! Божий образ!» Каждый человек имеет на себе Божью печать. При первой встрече с людьми мы должны проявлять к ним щедрость и смирение. Мы должны ожидать от них доброту и красоту. Во-вторых, мы должны изучать Небеса и ад в Библии, глубоко размышлять о них и представлять себе их в нашем воображении. Когда мы осознаем эти реальности умом и сердцем и глубоко прочувствуем их, мы сможем больше различать их в нашей жизни. В-третьих, мы не можем допустить мысль о том, что существуют только земные страдания и радости. С такой мыслью мы будем кормить голодных, не заботясь о том, чтобы удовлетворение от пищи было для них связно с Тем, Кто её создал.

И последнее, мы должны содействовать распространению любых признаков Божьего Царства. Все они сами по себе являются добром. Но при этом нельзя забывать о том, что людям нужно знать источник всего добра, а этим источником является Бог Отец, Сын и Святой Дух. Давайте просить Бога, чтобы Он дал нам более ясное понимание Небес и ада, ведь обе эти реальности могут быть для нас сильным мотиватором.

Помолитесь о следующих темах, по возможности задействуя художественный язык: рисование, живопись, танец, пение, рассказ или другой знакомый вам вид искусства.

Прислушайтесь к Богу. Старайтесь услышать Его и отвечайте Ему. Говорите с Ним о том, что вас больше всего радует и вдохновляет в наших занятиях и что вас больше всего пугает или беспокоит.

Вспомните важные времена и события на вашем жизненном пути, которые привели вас к нынешнему этапу, особенно в связи с вашим участием в творчестве для Божьего Царства.

Совместное создание народного творчества (Со-Творчество)

На Рисунке №3 представлен метод, который лежит в основе это руководства. Этот метод заключается в продолжительном процессе совместного исследования и творчества, который должен привести к появлению новых признаков Божьего Царства. Мы назвали этот процесс «Совместным созданием народного творчества» или «Со-Творчеством». Люди в середине Рисунка №3

- это члены сообщества, которые занимаются творчеством.

В центре всего этого процесса находится творческое мероприятие. Благодаря ему деятельность участников сообщества, все их усилия укореняются в местной реальности. Члены сообщества знают творческих мастеров и воспринимают их работы в соответствующем контексте. Творческое мероприятие стоит в центре внимания при прохождении семи шагов:

1. **Знакомство** с местной культурой и её художественными жанрами

2. **Определение** целей для роста Божьего Царства

3. **Соединение** жанров с целями

4. **Анализ** жанров и творческих мероприятий

5. **Вдохновение и побуждение** к творчеству

ВСТУПЛЕНИЕ

ПОДГОТОВКА

ШАГ 1

ШАГ 2

ШАГ 3

ШАГ 4

ШАГ 5

ШАГ 6

ШАГ 7

ЗАКЛЮЧЕНИЕ

6. **Усовершенствование** результатов

7. **Празднование успехов и интегрирование** их в жизнь сообщества

В конечном счёте, люди в центре этого процесса указывают на то, что все ваши дела должны основываться на познании и любви. Эти семь шагов можно воспринимать, как семь бесед. В сущности, наше руководство предназначено для того, чтобы помочь другим создавать новые творческие работы.

Рисунок 3. Совместное создание народного творчества

Теперь давайте подготовимся к процессу «Со-Творчества». Мы представим каждый шаг с коротким иллюстративным рассказом. В начале 1990-х годов Брайан Шраг и его семья жили на северо-западе Демократической Республики Конго (тогда Заир). Семья Шраг помогала местным жителям переводить Библию на язык народа Моно. Брайан расскажет о каждом компоненте процесса совместного творчества. Затем он объяснит, как каждый компонент вписывается в процесс «Со-Творчества» на примере народа Моно.

Шаг 1: Знакомство с местной культурой и её художественными жанрами

Этот шаг заключается в первом знакомстве с местными жителями. Прежде всего, мы налаживаем отношения с людьми. Затем мы записываем виды искусства, которые имеются в данном сообществе.

Знакомство с местной культурой племени Моно и с её художественными жанрами. Когда мы переехали в Демократическую Республику Конго и поселились в селе Били, я заметил, что прихожане местной церкви пели песни на языке широкого общения, а не на языке Моно. Некоторые из песен были переводами европейских и американских церковных гимнов. Некоторые были написаны в стиле поп-музыки Конго. Такие песни жители села пели только в церкви. В повседневной жизни они пели и исполняли совсем другую музыку, и все их песни были на языке Моно. Прежде чем начать вдохновлять их на творчество в местном стиле, нам нужно было получить больше информации. Я предложил руководителям поместной церкви встретиться и пообщаться под *пайоти* (беседка с соломенной крышей) около нашего дома. Я хотел поговорить с ними об их художественных формах и о Библии. На встрече мы вместе составили перечень социальных контекстов, в которых народ Моно обычно исполняет музыку или танцует, таких как бытовые танцы, ритуалы посвящения, персональные самовыражения и наставления с помощью инструмента *кунди* (местная версия арфы) – это был особый исполнительный жанр под названием *гбагуру*.

Шаг 2: Определение целей для роста Божьего Царства

К каким именно Божьим целям утверждения Небес на Земле местный коллектив хотел бы стремиться в настоящее время? Мы распределили эти признаки Божьего Царства по нескольким широким категориям: личность и устойчивость, шалом, справедливость, Священное Писание, церковная жизнь и личная духовная жизнь. Но это только начало - существуют тысячи, даже десятки тысяч признаков Божьего Царства, поэтому будьте свободны. Определяйте новые признаки Царства. Организуйте новые мероприятия, утверждающие эти признаки. Рассказывайте и пишите истории о распространении творческого общения. Делитесь вашими мыслями о том, как оно содействует росту Божьего Царства.

Определение целей в племени Моно. Там, под *пайоти*, пастор со старейшинами обсудили различные цели музыки в Библии. Они отметили, что Бог создал каждого человека по Своему образу. Они сказали, что не использовали свои народные инструменты на Богослужениях потому, что против этого их предостерегали первые миссионеры, которые приехали к ним в середине XX века. Эти миссионеры учили, что им нужно сжечь все материальные объекты, связанные с их традиционной жизнью. Теперь же, рассмотрев этот вопрос на основании Священного Писания, церковные руководители пришли к заключению, что Бог на самом деле хочет, чтобы они использовали свою народную музыку для Его целей, в частности на Богослужениях. Верующие хотели строить отношения с Богом по-новому, глубже, и желали узнавать новые пути для достижения этой цели.

ВСТУПЛЕНИЕ

ПОДГОТОВКА

ШАГ 1

ШАГ 2

ШАГ 3

ШАГ 4

ШАГ 5

ШАГ 6

ШАГ 7

ЗАКЛЮЧЕНИЕ

Шаг 3: Соединение жанров с целями

Когда члены сообщества определят свою цель, вы можете вместе решить, какие действия, мероприятия, формы искусства и материалы необходимы для достижения этой цели.

Установление связи с традициями племени Моно. Церковные руководители племени Моно хотели, чтобы христиане лучше знали Священное Писание и в то же время ценили традиции своего народа. Они решили, что первый эксперимент лучше провести в свободной семейной обстановке, на собрании в церкови. Кроме того, они пришли к выводу, что лучшим жанром для этого будет *гбагуру*. В Библии имеется много мудрых изречений, и жанр *гбагуру* используется для мудрых наставлений. Поэтому церковные руководители решили, что *гбагуру* можно успешно включить в Богослужение.

Шаг 4: Анализ жанров и творческих мероприятий

Для того, чтобы создать творческие произведения в существующем жанре, но с новыми целями, требуется огромные знания, навыки и мудрость. Первые впечатления о новом виде искусства обычно неправильны и всегда неполны. Шаг 4 поможет вам разобраться в нюансах видов искусства, постигнуть их смыслы, и в результате вы будете лучше их понимать. Знание нюансов художественной формы и содержания поможет и вам, и коллективу определить творческие элементы, которые смогут проникать в общество и приближать его к Божьему Царству.

Анализ жанров и событий вместе с племенем Моно. Я и раньше интересовался *кунди* – народным инструментом, под сопровождением которого исполняют песни *гбагуру*. Я спрашивал своих знакомых, кто лучше всех играет на *кунди*, и все отвечали мне, что это Пунаима Каняма. Я побывал на нескольких мероприятиях, где Пунаима играл в жанре *гбагуру*, и я записал его выступления на видео. Потом я транскрибировал его мелодии, слова и аппликатуру, и Пунаима научил меня играть несколько песен. Когда я учился исполнять эти песни, я стал лучше понимать формы и темы этого жанра. Например, я узнал, что в текстах *гбагуру* обычно используются пословицы племени Моно, что в этом жанре обычно исполняют только мужчины, и что композиторы обычно на какое-то время уединяются, когда пишут новые песни.

Шаг 5: Вдохновение и побуждение к творчеству

Вдохновение (или побуждение) к творчеству - это действие, которое приводит к появлению нового творческого самовыражения. Можно вдохновить человека, просто посоветовав ему вырезать из дерева новую маску или написать новую песню в честь знаменательного события. Иногда для того чтобы вдохновить человека к творчеству, необходимы более сложные и длительные действия, например семинары, проекты, курсы или фестивали. Кроме того, местные мастера могут создать новую версию уже существующего ритуала или церемонии. Каким бы ни было ваше мероприятие, важно, чтобы в нём участвовали все желающие создавать или распространять новые произведения искусства. Важно также, чтобы участвовали и руководители, которые следят за распространением новых произведений в своём сообществе.

Вдохновение в племени Моно. Я спрашивал в сообществе Моно, кто мог бы написать в жанре *гбагуру* новые песни, предназначенные для Богослужения и основанные на Священном Писании. Но так как первые евангелисты требовали, чтобы христиане племени Моно сожгли свои инструменты, никто в церкви не умел играть на *кунди*. Обсудив этот вопрос, церковные руководители решили выбрать нескольких прихожан и отправить их учиться игре на *кунди* у Пунаимы. Раз в неделю мы собирались, и Пунаима учил нас настраивать *кунди* и играть на нём простые песни.

Шаг 6: Усовершенствование результатов

В процессе «Со-Творчества» существенно важно оценивать прогресс усовершенствования. Мы хотим, чтобы члены сообщества интегрировали творчество в свою жизнь. Мы хотим, чтобы креативность приносила результаты, помогала сообществам достигать своих духовных, общественных и материальных целей. Оценивание членов сообщества по заранее установленным критериям поможет им достигать большей эффективности в своём несовершенном творческом общении.

Усовершенствование в племени Моно. К сожалению, на первых порах мы не оценивали песни, которые писал Пунаима и другие люди. Эти песни можно было бы улучшить. Позже мы определили процесс улучшения и доработки библейских песен племени Моно: переводчики Библии стали проверять тексты песен на точность и ясность, а музыкальные мастера - чтобы написанные песни были превосходными образцами своего жанра.

Шаг 7: Празднование успехов и интегрирование их в жизнь сообщества

Мы стремимся к тому, чтобы члены сообщества с каждым днём, неделей, месяцем и годом всё больше интегрировали творчество Божьего Царства в свою жизнь. Для этого им нужно учить других новым произведениям. Им нужен план для продолжения творческого процесса. Прежде всего, на семинарах необходимо уделять время для обучения участников. Также необходимо уделять время планированию того, как в будущем учить народ новым произведениям. Полезно сначала научить небольшую группу и получить от участников отзывы, а затем представить свои произведения большей группе людей.

ВСТУПЛЕНИЕ

ПОДГОТОВКА

ШАГ 1

ШАГ 2

ШАГ 3

ШАГ 4

ШАГ 5

ШАГ 6

ШАГ 7

ЗАКЛЮЧЕНИЕ

Празднование успехов и интегрирование их в жизнь племени Моно. Как-то во время нашего обучения игре на *кунди* другие ученики решили создать музыкальный ансамбль под названием *Корал Айо* (Хор любви). Пунаима написал песню о том, как Бог создал мужчину и женщину из земли. Когда мы исполнили эту песню на Богослужении, верующие были необычно задумчивыми и тихими. Я испугался, что мы допустили какую-то ошибку и, возможно, навели прихожан на мысли о старых богах. После Богослужения я спросил оного друга, почему все были такими тихими. Он ответил мне: «А как иначе? Эта песня коснулась нас до глубины души». Значит, она затронула их эмоции, разум и волю так глубоко, как это может сделать только родное искусство.

Группа *Корал Айо* продолжала выступать на церковных Богослужениях. Некоторые ученики начали писать собственные песни. Но вскоре привычная жизнь племени Моно была нарушена войной и личными невзгодами. После длительного перерыва и в других сёлах начали появляться похожие группы *кунди*. Одна часть племени Моно, а именно протестантская церковь, всё чаще и чаще обращались к добрым аспектам культурных традиций. Но я хотел, чтобы в этом процессе участвовало больше людей. Мы запланировали большой *фэт* (праздник), чтобы отметить завершение строительства нашего нового дома в селе. У меня возникла мысль организовать исполнение двух песен в народном жанре Моно. В день праздника сотни людей из всех социальных классов услышали песни, в которых учение Иисуса было преподнесено в знакомых им формах народного искусства Моно. В одной из песен рассказывалась притча Иисуса о мудром и неразумном строителях (Матфея 7:24-27).

«Совместное создание народного творчества» (Со-Творчество): Краткий обзор

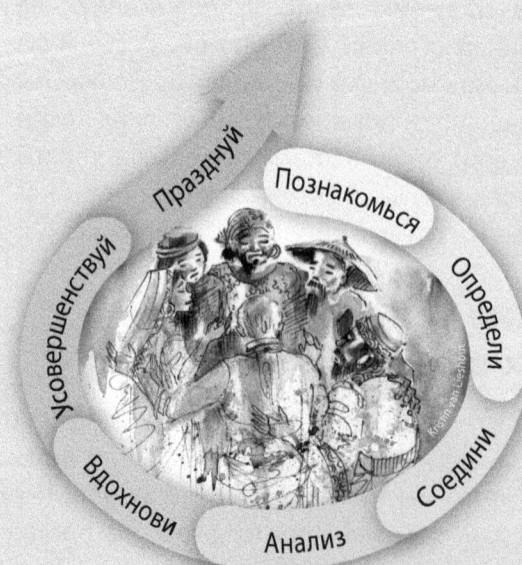

В процессе «Со-Творчества» показывается, как помочь сообществам задействовать свои искусства для реализации целей Божьего Царства. В этом процессе существует семь основных этапов или «шагов». Их можно воспринимать как семь бесед. В корне всего процесса лежит постоянное исследование и изучение: надо всегда учиться. Эти семь шагов следующие:

Знакомство с местной культурой и её художественными жанрами. Исследуйте уже существующие местные художественные и социальные ресурсы.

Определение целей для роста Божьего Царства. Разузнайте цели, которых хотело бы достигнуть данное сообщество.

Соединение жанров с целями. Выберите творческий жанр и определите мероприятия, которые помогут группе достигнуть своих целей.

Анализ жанров и творческих мероприятий. Опишите всё мероприятие или событие в целом, включая творческие формы и их соотношение с более широким культурным контекстом. Подробное понимание художественных форм является жизненно важным для вдохновения (побуждения) к творчеству. Глубокое знание форм важно для усовершенствования новых произведений и для их успешной интеграции в сообщество.

Вдохновение и побуждение к творчеству. Проведите мероприятия, которые сообщество выбрало для вдохновения и побуждения к творчеству в рамках предпочитаемого жанра.

Усовершенствование результатов. Оцените результаты мероприятий, проведенных для вдохновения и побуждения к творчеству, и улучшите подход.

Празднование успехов и интегрирование их в жизнь сообщества. Запланируйте и осуществите действия, необходимые для того, чтобы новые формы творчества продолжали использоваться в сообществе. Определите другие контексты, в которых можно показывать и выставлять новые и старые произведения искусства.

Рисунок 4. «Совместное создание народного творчества»
(Со-Творчество): Краткий обзор

ВСТУПЛЕНИЕ | ПОДГОТОВКА | ШАГ 1 | ШАГ 2 | ШАГ 3 | ШАГ 4 | ШАГ 5 | ШАГ 6 | ШАГ 7 | ЗАКЛЮЧЕНИЕ

ШАГ 1

Знакомство с местной культурой и её художественными жанрами

Первый шаг заключается в знакомстве и описании местной культуры и существующих в ней искусств. Когда начинаешь работать с местными жителями, крайне важно наблюдать (и исследовать). Нужно узнать как можно больше о местной жизни и художественном творчестве. Искусство вырастает из контекста, поэтому знание местной жизни поможет лучше понять искусство.

С каким именно сообществом вы имеете дело? Наше определение сообщества следующее: Сообщество - это группа людей, объединённая общей историей событий с общими персонажами и идеями. Такой совместный опыт является основанием для того, чтобы члены сообщества продолжали собираться вместе и быть причастными одной идентичности, которая отличает их от других групп. Маркерами их идентичности могут быть язык, пища, одежда, религия, общие трудности, которые им приходится преодолевать вместе. Человеческие сообщества также объединяются на основе единых схем взаимодействия между их членами. В качестве примеров таких взаимодействий можно привести ритуалы, фестивали, организацию семейного жилого пространства, визуальные и тактильные символы и схемы, а также многое другое.

Итак, сообщества строятся вокруг общих историй, идентичности и способов взаимодействия. Они состоят из отдельных людей, которые обладают мобильностью, принимают решения и реагируют на ситуации по-разному.

Начиная исследовать данное сообщество, записывайте все результаты в одном месте. ПРОФИЛЬ НАРОДНОГО ТВОРЧЕСТВА (ПНТ) должен стать базой данных, где вы регистрируете всю информацию о сообществе и его искусствах. (см стр. 63-66)

Первый взгляд на сообщество

Обзорный взгляд позволит вам понять общий контекст художественной жизни в части создания и исполнения произведений искусства. Искусство не существует в изоляции. Соберите начальные сведения о географическом положении, языке, маркерах идентичности и методах коммуникации сообщества.

Примите решение о широте ваших исследований. Вы собираетесь исследовать один клан в одном населённом пункте или всех жителей региона, говорящих на одном языке? Опишите собранные сведения с как можно более разных точек зрения. Ниже даётся перечень вопросов для сбора информации, но собирать информацию можно и многими другими способами:

- Вы можете просить друзей, авторитетных членов сообщества и всех, с кем вы знакомы, показать вам другие ресурсы, в том числе и человеческие.
- Вы можете читать письменные источники и узнавать, как местное население представляет и описывает себя в книгах, статьях, фильмах, звукозаписях и других источниках.
- Вы можете читать академические исследования по выбранной культуре, узнавать о ней в энциклопедиях, словарях и другими источниках, чтобы узнать, что говорят о данном сообществе другие люди.

Сделайте предварительное описание сообщества, в котором вы собираетесь работать. Отметьте их географическое положение, население, характер и обычаи, истории и идентичность, основные изменения на протяжении истории.

Исследование сообщества: некоторые важные вопросы

Где находится данное сообщество и из кого оно состоит? Тут следует включить основную информацию о поселении, городе, провинции и стране.

Что связывает сообщество в единое целое? Обычно это ряд факторов, таких как язык, география, этнос и социальная структура.

Как члены сообщества общаются друг с другом и как часто они это делают? Важными компонентами тут являются язык и режимы коммуникации – личные встречи, телефонные разговоры, социальные сети и т. п.

Как это сообщество оказалось в данном месте? Определите основные исторические события и закономерности, в результате которых это сообщество поселилось в данной местности и обрело свою идентичность.

Рисунок 5. Исследование сообщества: некоторые важные вопросы

Первый взгляд на практикуемые искусства

Мы стремимся содействовать художественному творчеству, основанному на имеющихся в сообществе ресурсах. Использование уже существующих ресурсов – это основа нашего подхода. Следовательно, мы начинаем с того, что составляем перечень существующих искусств.

Поиск и распознавание художественных жанров

Каждое сообщество обладает уникальным набором искусств, выражающих особые смыслы и содержания. Ваши собственные категории и концепции, в которых вы воспринимаете искусство, скорее всего, не соответствуют тому материалу, с которым вы столкнётесь в избранном вами сообществе. Как быть? Как организовать поиск? К счастью, искусства во всём мире имеет общие характерные признаки, и это поможет вам в исследованиях.

Первым общим признаком является то, что сообщества, как правило, отмечают важные события своей жизни праздниками, на которых используют художественные средства. К важным событиям относятся природные явления, исторические события, общинные действия и церемонии. Определив основные ритуалы и события в жизни сообщества, вам легче будет выделить их художественные компоненты.

Вторая общая черта, связанная с искусством, – это особая стилизация при передаче сообщений. Отмечайте необычные движения танцев, звуки песен, особенности использования красок, ритмы и рифмовку речи, а также выделенные (к примеру, на сцене или арене) действия и события. Эти особенности, наверное, указывают на художественные жанры. Именно на этих особых характерных признаках жанров основано задание «Создайте краткий перечень художественных жанров».

КАК РАСПОЗНАТЬ ХУДОЖЕСТВЕННЫЕ КОММУНИКАТИВНЫЕ АКТЫ

Искусство часто осуществляется в определённом контексте

Художественное мероприятие отделяется от повседневных событий и действий особым временем суток, местом, языком, участниками и т. п.

Искусство может подавать информацию в более сжатой или расширенной форме

Например, в некоторых видах поэзии несколькими словами передаётся очень много информации. В других видах искусства информация может подаваться в расширенном виде через пространство, музыку или повторения.

Искусство бывает рассчитано на особые знания носителей языка и культуры

В некоторых художественных жанрах отдельные слова или выражения передают другой смысл, который они никогда не передают вне данного жанра.

ВСТУПЛЕНИЕ

ПОДГОТОВКА

ШАГ 1

ШАГ 2

ШАГ 3

ШАГ 4

ШАГ 5

ШАГ 6

ШАГ 7

ЗАКЛЮЧЕНИЕ

ВСТУПЛЕНИЕ | ПОДГОТОВКА | ШАГ 1 | ШАГ 2 | ШАГ 3 | ШАГ 4 | ШАГ 5 | ШАГ 6 | ШАГ 7 | ЗАКЛЮЧЕНИЕ

Искусство часто имеет особую формальную структуру

Творческое общение часто ограничено формой, не употребляющейся в обычном повседневном общении.

Искусство может вызывать необычную реакцию

Произведения искусства часто вызывают у людей сильные эмоциональные или физические реакции.

Искусство может требовать особого мастерства

Для создания или исполнения художественных произведений часто требуется профессиональное обучение. Не все члены сообщества могут творить искусство.

Рисунок 6. Как распознать художественные коммуникативные акты

Создайте краткий перечень художественных жанров

Для составления начального перечня художественных жанров соберите нескольких представителей сообщества и задайте им примерно такие вопросы:

- Когда в вашем сообществе люди поют? Когда они играют на музыкальных инструментах? Когда они танцуют? Когда они рассказывают истории? Когда они исполняют театрализованные представления? Когда они занимаются резьбой? Когда они рисуют? Когда они делают какие-то особые движения тела? Когда они играют в игры? Когда они строят необычные предложения? Помните, что в каждой культуре люди по-своему разделяют и описывают свои формы художественной коммуникации, поэтому вам необходимо изучить их словарь и терминологию.

- Совершают ли члены сообщества нечто особое, когда рождается ребёнок? Когда человек умирает? Когда ребёнок достигает совершеннолетия? При каждом утвердительном ответе просите их описать, что именно они совершают, и отмечайте, какие художественные формы задействуются в каждом случае.

Каждый раз, когда речь заходит о каком-либо художественном жанре, записывайте несколько основных характерных признаков жанра:

- Местное название и краткое описание
- Участники (мужчины, женщины, молодёжь, дети, эксперты, особая социальная группа и т. п.)
- Время, когда используется этот жанр (приуроченность, особые дни, времена года, месяцы, время суток и т. п.)
- Коннотации и ассоциации (празднование, плодородие, Богослужение, смерть и т. п.)
- Воздействие на участников (гордость за принадлежность к сообществу, чувство солидарности, страсть, страх, смелость, побуждение к действию, память о важных вещах и т. п.)

- Учреждения или организации, ассоциирующиеся с данным жанром (церковь, правительство, общинная группа, клуб и т. п.)

Не беспокойтесь, если ответы на ваши вопросы не дают вам возможности сделать детальное описание жанра. На данном этапе этого достаточно, а детали можно добавлять в процессе исследования.

Впишите основные факты относительно установленных жанров в таблицу для сравнения.

На шаге 3 члены сообщества оценивают каждый жанр для использования его в целях Божьего Царства. Они могут пользоваться этой таблицей. Заведите таблицу с самого начала и постепенно заполняйте её. Ниже, в Рис. 7 приведен пример, взятый из работы с народностью Моно (Дем. Респ. Конго).

Жанр	Краткое описание	Событие	Участники	Коннота-ции	Воздействие	Институты
gaza aga	танец, связан-ный с обреза-нием у мужчин	ритуал обре-зания	молодые мужчины	война	обучение бит-ве, воспита-ние мужества	Ngakoala – судьи народ-ности Моно
Nzembo na Nzambe	европейские духовные гимны, пере-ведённые на язык Lingala	церковные собрания	члены церкви	вера, мис-сионеры	солидарность	протестант-ская церковь
gbaguru	песни мудро-сти	частные ситу-ации	арфист и певец, слу-шатели	мудрость, поучения	мотивация мудрых по-ступков	отсутствуют
Nganga	песни для Zhugwa, бога охоты	во время охоты	охотники	Zhugwa	придание смелости, надежда на успех	отсутствуют
agbolo	детские игро-вые песни	там, где игра-ют дети	дети	веселье, свобода	удовольствие, солидарность	отсутствуют

Рисунок 7. Пример таблицы сравнения художественных жанров народности Моно (Дем. Респ. Конго)

Постепенно начинайте исследовать социальную и языковую жизнь сообщества

Общее понимание сообщества очень важно – оно формируется на осно-ве антропологических исследований. Исследуйте темы, которые помогут вам понять искусство сообщества: как члены сообщества используют язык; как они взаимодействуют в социальных группах, особенно в семье; как они обеспечивают свои жизненные потребности (напр.: еду, жили-ще, лечение, образование); различия социального статуса или власти; религиозные верования и обычаи; общее мировоззрение. Обширные

ВСТУПЛЕНИЕ

ПОДГОТОВКА

ШАГ 1

ШАГ 2

ШАГ 3

ШАГ 4

ШАГ 5

ШАГ 6

ШАГ 7

ЗАКЛЮЧЕНИЕ

исследования в этих областях выходят за рамки нашего руководства. Научитесь проводить такие исследования или найдите людей, которые умеют это делать.

Продолжайте исследовать

Понять то или иное сообщество в полном объёме невозможно, поэтому процесс познания не имеет предела. Антропологи разработали эффективные методы исследования других культур, и вы можете научиться применять эти методы. К этим методам, в частности, относятся: наблюдение за исполнением (вы участвуете и наблюдаете), исполнение (вы изучаете чужой для вас вид искусства), опрос (интервью), запись (заметки), звукозапись и прослушивание, видеосъёмка и просмотр, фотографирование. Найдите людей, которые помогут вам обрести эти навыки через курсы, книги или занятия.

Подводя итог, подчеркнём, что все ваши взаимодействия с людьми должны основываться на любви. Подходите ко всем вашим исследованиям с любовью, смирением, щедростью и искренним желанием самого лучшего для сообщества, которое вы изучаете.

ШАГ 2

Определение целей для роста Божьего Царства

Мы, как последователи Христа, стремимся к явлению Божьего Царства на Земле. И хотя мы осознаём, что во всей полноте Его Царство наступит только на Небесах, мы желаем, чтобы оно проявлялось на Земле настолько, насколько это возможно. Все народы, все общества надеются на лучшую жизнь. Часто люди стремятся к Божьему Царству, сами того не осознавая. Вы можете им помочь в этом добром стремлении. Фраза «цели Царства» помогает нам увидеть множество путей проявления Бога на Земле.

В Шаге 2, мы сначала даём краткое описание некоторых возможных проявлений Бога, а затем описываем процесс, посредством которого вы можете помочь сообществу определить цели, которых они хотели бы достигнуть.

По каждой категории целей Царства ниже:

1. Приведите пример, в котором эта цель отражается;

2. Предложите другие возможные цели Царства.

Категория целей Царства: Идентичность и продолжительность

Ценность культурной идентичности

Там, где процветает Божье Царство, сообщества ценят свою культуру.

Малочисленные народы часто считают представителей других народов выше себя. Они недооценивают пользу и красоту своей культуры, считая

ВСТУПЛЕНИЕ

ПОДГОТОВКА

ШАГ 1

ШАГ 2

ШАГ 3

ШАГ 4

ШАГ 5

ШАГ 6

ШАГ 7

ЗАКЛЮЧЕНИЕ

её менее ценной, чем культуру многочисленных народов. Однако, «Бог сотворил человека по образу Своему» (Бытие 1:27, НРП[8]).

Ценить положительные аспекты своего общества правильно, здраво и свято. Чем больше члены сообщества должным образом ценят свою культуру, тем больше вероятность, что у них будет процветать Божье Царство. Следует отметить, что творческие жанры сообщества часто являются самыми яркими, легко определяемыми и ценными аспектами его культуры. Если члены сообщества не видят ничего доброго в своём народном искусстве, то они не будут использовать его ни на Богослужении, ни для распространения истины в общении друг с другом. Нам нужно исследовать возможные пути утверждения художественных форм сообщества. Тогда мы можем пытаться найти методы для создания новых произведений, утверждающих культурную идентичность людей так, как это угодно Богу.

Научение детей

Там, где процветает Божье Царство, сообщества передают свои традиции следующим поколениям.

Один из признаков здоровой идентичности в сообществе заключается в том, что его члены передают всё самое лучшее из своей культуры детям и внукам. Определяя, как художественное наследие передаётся из поколения в поколение, и что собой представляет это наследие, мы выявляем сферы здоровой жизни в сообществе.

Пользование информационными средствами

Там, где процветает Божье Царство, сообщества вносят вклад в местные, региональные и глобальные информационные средства.

Люди по всему миру неустанно изобретают новые средства коммуникации. Общества, члены которого надлежащим образом ценят свою идентичность, обмениваются информацией с другими творческими людьми и учатся у них. Кроме того, они вносят свою лепту в общие художественные ресурсы, записывая свои произведения искусства и распространяя их на местных, региональных и международных платформах.

Категория целей Царства: Шалом

Иисус стал частью человеческого общества, чтобы Его последователи имели жизнь с избытком (Иоанна 10:10). Он пришёл, чтобы у Его учеников был мир (Иоанна 14:27). Этот мир, по-еврейски *шалом*, заключает в себе большинство обещаний Иисуса: состояние покоя, полноты, социальной гармонии, справедливости и здоровья. Браянт Маярс пишет, что хотя «шалом и полнота жизни – это идеалы, которые мы узнаем во всей полноте только на Небесах, понятие *шалома*, который приводит к полноценной жизни, является могущественным образом, который уже сейчас должен формировать наше понимание и видение лучшего будущего для человечества».[9]

---

8 Новый русский перевод

9 Bryant L. Myers, *Walking with the Poor: Principles and Practices of Transformational*

Исцеление

Там, где процветает Божье Царство, сообщества реагируют на проблемы желанием исцелять и восстанавливать.

Против *шалома* выступают огромные силы: война, стихийные бедствия, сексуальная эксплуатация, болезнь, рабство, голод и засуха. В обществе, обладающем характеристиками Божьего Царства, люди реагируют на эти проблемы желанием исцелять и восстанавливать. Художественная деятельность играет жизненно важную роль в увеличении *шалома*. Она даёт страдающим людям надежду, укрепляет солидарность в обществе и содействует эмоциональному и физическому исцелению.

Примирение

Там, где процветает Божье Царство, члены сообщества живут в мире друг с другом и с другими сообществами.

Творческое самовыражение открывает нас друг к другу. Творчество порождает ощущение близости, которое затрагивает что-то глубинное, проникающее за пределы этнических и исторических границ. Для того чтобы петь и танцевать вместе, люди должны объединиться в едином слаженном движении и звуке. Радость, удовольствие и близость, которые мы переживаем в этом процессе, приводит нас на новый уровень доверия друг к другу. Мы забываем боли и обиды и устремляем взор на Божественные истины. Формы творческого самовыражения приводят нас к сильным переживаниям раскаяния, прощения, солидарности, любви и примирения.

Категория целей Царства: Справедливость

Социальная справедливость

Там, где процветает Божье Царство, сообщества любят и поддерживают бедных и обездоленных.

В Священном Писании Бог неоднократно чётко говорит, что Он озабочен благосостоянием беспомощных людей: сирот, вдов и странников (Второзаконие 10:18; Иакова 1:27); малоимущих (Второзаконие 15:7-8; Псалтирь 9:18; Луки 4:18, 6:20). Бог особо заботится о политически и социально угнетённых (Неемия 9:15; Луки 1:46-55), заключённых (Псалтирь 145:7), голодных и бездомных (Исаии 58:6-11; Матфея 25:34-40). Иисус проповедовал бедным, что они могут наследовать Божье Царство (Луки 6:20-26). Господь демонстрирует, как чёрствость и грех людей, обладающих властью, часто приводят к несправедливости по отношению к обездоленным (Псалтирь 11:5, 34:10, 71:12-14; Притчи 22:22-23; Исаия 10:1-3).

Ввиду таких жизненных реалий, Бог велел всем, у кого есть возможность, щедро помогать бедным и обездоленным (Второзаконие 15:7-6; Притчи 11:24-25; Римлянам 12:13; 2 Коринфянам 9:6-13; Иакова 2:15-17). Бог ве-

---

Development (Maryknoll, NY: Orbis, 1999), 51.

ВСТУПЛЕНИЕ

ПОДГОТОВКА

ШАГ 1

ШАГ 2

ШАГ 3

ШАГ 4

ШАГ 5

ШАГ 6

ШАГ 7

ЗАКЛЮЧЕНИЕ

лел поступать с ними хорошо (Притчи 14:31), защищать их (Притчи 31:8-9) и разрушать системы, которые их угнетают (Исаии 58:6-11). Общества могут стремиться к достижению справедливости Божьего Царства с помощью искусства, вселяя надежду, провозглашая неприятную истину тем, кто у власти, и содействуя солидарности.

Образование

Там, где процветает Божье Царство, члены сообщества пополняют свои знания, чтобы быть успешными и помогать развитию общества.

У нездоровых сообществ, члены которых не ценят свою идентичность, система образования тоже часто бывает слабой. Резкие социальные изменения часто приводят к тому, что люди не успевают обучиться нужным навыкам для процветания. Искусство является мощным способом самовыражения и общения. Поэтому сообщества могут задействовать искусство в образовании, в преподавании всех предметов.

Грамотность

Там, где процветает Божье Царство, общество читает и слушает Библию и другую литературу.

Общество, в котором проявляются характеристики Божьего Царства, имеет доступ к Священному Писанию и другой литературе на печатных и звуковых носители информации. Общество нуждается в людях, умеющих читать, писать и слушать. Для того, чтобы достигнуть высокого уровня грамотности, следует преодолеть многие технические преграды (такие как непонимание структуры языка) и социальные преграды (такие как нежелание читать и писать на своём языке и чувство неуверенности в своей способности овладеть необходимыми навыками). Грамотность народа повышают как виды искусства с сильным языковым компонентом (песни, театр, рассказы, притчи, загадки и пр.), так и виды, в которых этот компонента отсутствует (танец, изобразительные искусства и пр.).

Экономические возможности

Там, где процветает Божье Царство, все члены общества могут вносить вклад в общее материальное благосостояние.

В Священном Писании показано, что люди предназначены для работы. Бог создал Вселенную (Бытие 1) и поручил Адаму Едемский сад (Бытие 2:15). Богу было угодно, чтобы Адам и Ева приносили плод (Притчи 18:9; Колоссянам 3:23; 2 Фессалоникийцам 3:10; 1 Тимофею 5:18), и Бог награждает труд (1 Тимофею 5:18). Члены общества, в котором проявляются характеристики Божьего Царства, имеют возможности заниматься полезной работой, приносящей им материальное вознаграждение. Художники и творческие люди получают вознаграждение за свою творческую деятельность, когда другие платят за их выступления или произведения. Кроме того, люди искусства могут помогать торговле, участвовать в создании рекламы. Это может служить для них мотивацией. Процветающее общество ценит вклад творческих людей в своё экономическое благосостояние и вознаграждает их за это.

Категория целей Царства: Священное Писание

Перевод Священного Писания

Там, где процветает Божье Царство, в обществе переводят Священное Писание.

В обществе, где проявляются характеристики Божьего Царства, есть люди, которые знают, что Бог говорит с людьми через Священное Писание. Прежде всего, членам общества нужно иметь перевод Библии, который верно передаёт смысл оригинального текста. Перевод должен быть понятен большинству представителей общества. Он должен передавать содержание текста в наиболее подходящих и доступных формах местного языка. Кроме того, перевод должен быть таким, чтобы его могли использовать верующие разных христианских церквей. Он должен быть лёгким для устного пересказа. В Библии имеется множество художественных форм: притчи, пословицы, рассказы, тексты песен, поэзия и т. п. Понимание местных художественных жанров, вероятно, поможет переводчикам переводить Священное Писание в соответствии с целями перевода Писания.

Устный пересказ Священного Писаная

Там, где процветает Божье Царство, сообщества взаимодействуют с Писанием через знакомые им художественные формы.

Общество, обладающее характеристиками Божьего Царства, имеет доступ к Священному Писанию во многих формах. Народные художественные жанры, особенно те, которые связаны с пересказом и повествованием, могут сыграть ключевую роль в интеграции Священного Писания в жизнь общества.

Категория целей Царства: Церковная жизнь

Богослужение

Там, где процветает Божье Царство, последователи Христа собираются вместе на Богослужениях для близкого общения с Богом и друг с другом.

Библейское поклонение – это жизнь, полностью посвящённая Богу (Римлянам 12:1-2). Это выбор каждый миг жить для славы Бога, а не для себя. Человек, который живёт в поклонении, обязательно собирается вместе с другими верующими на Богослужения, где они все вместе поклоняются Богу и общаются с Ним (Псалтирь 94:6; 95:9; Деяния 2:42; Евреям 10:24-25; Откровение 19:10). Местные виды искусства обеспечивают верующих языком, на котором они могут поклоняться Богу и слушать Его. Искусство помогает полностью задействовать наше сердце, душу, силу и разум (Псалтирь 99:2; Марка 12:29-30). Иисус учил, что важно не место, в котором мы поклоняемся, но то, чтобы мы поклонялись в духе и в истине (Иоанна 4:21-24). Учение Иисуса открывает перед людьми всех народов

ВСТУПЛЕНИЕ

ПОДГОТОВКА

ШАГ 1

ШАГ 2

ШАГ 3

ШАГ 4

ШАГ 5

ШАГ 6

ШАГ 7

ЗАКЛЮЧЕНИЕ

и языков дверь возможности использовать свои формы творческого общения для поклонения и служения Богу.

Изучение и запоминание Священного Писания

Там, где процветает Божье Царство, сообщества понимают и запоминают Священное Писание.

В обществе, где со временем всё больше проявляются характеристики Божьего Царства, люди изучают, запоминают и понимают Священное Писание. Исследования показывают, что в заучивании текста с помощью песни или движения активно участвует больше зон головного мозга. Поэтому, чем больше мы используем способов изучения Священного Писания (включая местное искусство), тем лучше мы его запоминаем.

Христианские обряды

Там, где Божье Царство сильно, люди отмечают важные события духовными обрядами.

К важным событиям можно отнести свадьбы, причастие (или хлебопреломление), похороны, обряды посвящения и земледельческие праздники. Художественные формы самовыражения показывают, что это событие важно. Художественные выражения придают историческую непрерывность посредством уникальных подборок и форм. Они открывают целостные каналы общения с Богом.

Свидетельство

Там, где процветает Божье Царство, неверующие узнают о Боге.

В сообществе, где проявляются характеристики Божьего Царства, люди узнают, что Бог – их Создатель и Спаситель. Местные искусства часто бывают тесно связаны как с особыми, так и с повседневными видами жизненной деятельности. Они подчёркивают важные жизненные события и наполняют общение и досуг. Местное искусство используется в учёбе. Поскольку повседневная жизнь так тесно связана с местным искусством, художественное самовыражение является мощным и эффективным способом распространения истины о Боге.

Категория целей Царства: Индивидуальная духовная жизнь

Духовное Становление

Там, где процветает Божье Царство, последователи Христа переживают духовный рост.

Там, где Божье Царство сильно, последователи Христа возрастают в познании Бога, обретают опыт жизни с Ним, совершенствуются в послушании Богу, в благочестивом характере и привычках. Художественные формы самовыражения могут вдохновлять верующих на пути духовного роста, обеспечивать структуру для их формального и неформального духовного обучения, наставничества и воспитания.

Молитва и размышление

Там, где процветает Божье Царство, люди ведут активную молитвенную жизнь.

В обществе, где проявляются характеристики Божьего Царства, есть последователи Христа, которые часто и искренне общаются с Богом. Это общение приносит им радость и удовольствие, и поэтому оно становится ещё богаче с художественным выражением. К тому же, оно тесно связано с эмоциями и волей человека.

Индивидуальное изучение Библии

Там, где процветает Божье Царство, люди преданно и внимательно изучают Священное Писание.

В обществе, где проявляются характеристики Божьего Царства, есть люди, которые преданно и внимательно изучают Священное Писание. Они включают художественные формы общения в своё индивидуальное изучение Библии. Эти формы помогают им больше запоминать, больше понимать и больше изменяться.

Применение Священного Писания

Там, где процветает Божье Царство, сообщества применяют написанное в Библии к своей жизни.

В обществе, где со временем всё больше проявляются характеристики Божьего Царства, люди применяют учения Священного Писания в своей повседневной жизни. Библия писалась для людей, которые жили в другой культуре и в другое время. Как же нам сегодня правильно применять Библию в своей жизни? Местное художественное творчество помогает людям связывать библейские истины со своей жизнью запоминающимся и вдохновляющим образом.

Если вы не работаете в христианской организации, то у окружающих вас людей не будет мотивации стремиться к выполнению целей, обозначенных, как «цели Божьего Царства». Тем не менее, поскольку все люди созданы по образу Бога, мы все стремимся к миру, здоровью, радости, значимости и справедливости. Следовательно, мы можем назвать эти признаки Царства «Признаками лучшего будущего». Когда само общество хочет достигнуть таких целей, мы можем способствовать ему в этом деле по мере наших способностей и призвания. Если мы работаем вместе с поместной церковью, то одной из наших целей, естественно, будет стремление к более близкому общению с Богом. В конечном счёте Царь Божьего Царства - это Иисус. И когда мы работаем вместе с людьми и сообществами, которые не познали Иисуса, мы можем приводить их к Нему нашими делами любви и словами веры.

Шаги к определению целей Божьего Царства

Есть огромная разница между составлением перечня целей Божьего Царства и пониманием того, к какой именно цели нам следует стремиться.

ВСТУПЛЕНИЕ

ПОДГОТОВКА

ШАГ 1

ШАГ 2

ШАГ 3

ШАГ 4

ШАГ 5

ШАГ 6

ШАГ 7

ЗАКЛЮЧЕНИЕ

Работайте с сообществом, чтобы определить, какие цели важны для них. Узнайте, каких целей они хотели бы достигнуть. Для совместного творчества необходимо постоянно определять и уточнять цели сообщества. Для того чтобы начать этот процесс, следуйте описанным ниже шагам.

Говорите с людьми и слушайте их.

Социальные структуры (такие как правительственные организации, церкви, мечети, кредитные союзы и т. п.) представляют собой хорошую платформу для диалога. Возможно, для этой цели лучше собрать небольшую группу, состоящую из представителей разных компонентов общества.

Исследуйте и определите сильные стороны сообщества и его стремления.

Спросите членов сообщества, что у них получается хорошо и какие у них мечты и надежды для себя и своих детей, а также для всего сообщества. Таблица сильных сторон и стремлений показывает наличие определённых признаков Божьего Царства, или по крайней мере тех, на которые могут быть надежды.

Соотнесите каждую сильную сторону или стремление с целью Божьего Царства.

Для наглядности введите результаты в подобную таблицу (эта таблица служит примером).

Сильные стороны и стремления	Связанные с ними цели Божьего Царства
Взаимоуважение поколений	Идентичность и устойчивость
Празднование	Идентичность и устойчивость
Гостеприимство	Шалом

Ознакомьтесь с проблемами сообщества.

Задавайте вопросы о проблемах, которые им трудно решить. Узнайте, что вызывает у них серьёзное беспокойство. Спросите, что в их сообществе стало хуже по сравнению прошлым (5, 10 или 20 лет назад). Зафиксируйте полученную информацию в подобной таблице (см. ниже), чтобы легче было получить представление о том, как эти проблемы соотносятся с целями Божьего Царства. Таблица проблем поможет вам выявить конкретные признаки Царства, которых в данном сообществе отсутствуют.

Проблемы	Связанные с ними цели Божьего Царства
Болезнь: ВИЧ/СПИД, малярия	Шалом
Война, преступность, насилие	Шалом
Конфликт поколений, утрата традиций	Идентичность и устойчивость
Страх смерти	Индивидуальная духовная жизнь
Эксплуатация: рабство, проституция	Справедливость
Неумение писать и читать	Справедливость
Отсутствие доступа к Библии	Священное Писание
Отсутствие духовного роста	Индивидуальная духовная жизнь
Отсутствие единства среди христиан	Церковная жизнь
Некоторые группы не участвуют в Богослужениях	Церковная жизнь
Недостаточно общения с Богом	Индивидуальная духовная жизнь
Низкий уровень образования	Справедливость
Голод	Справедливость

Выберите цель.

Обсудите, какую проблему сообщество хотело бы решить больше всего. Отметьте их сильные стороны, на которые они больше всего хотели бы опираться.

Чётко напишите свои результаты 2-го Шага.

Укажите выбранную цель в следующем формате, вписав ниже сообщество и цель.

_____

СООБЩЕСТВО

выбрало

_____

ЦЕЛЬ БОЖЬЕГО ЦАРСТВА

ВСТУПЛЕНИЕ | ПОДГОТОВКА | ШАГ 1 | ШАГ 2 | ШАГ 3 | ШАГ 4 | ШАГ 5 | ШАГ 6 | ШАГ 7 | ЗАКЛЮЧЕНИЕ

ШАГ 3

Соединение жанров с целями

Когда цели общества определены, следующим шагом будет планирование использования искусства для достижения этих целей. Каждый творческий жанр особо подходит для передачи определённого содержания. Каждый жанр также создаёт определённые эффекты и приводит к определённым результатам. В этом разделе представлены шаги для выбора жанров и применения их в целях Божьего Царства.

Выполнимость: Имеются ли необходимые ресурсы для применения данного жанра? Например, есть ли люди, умеющие творить или выступать в данном жанре?

Мероприятия: Будет ли применение данного жанра направлять людей к мыслям, чувствам или действиям, устремлённым на достижение целей Божьего Царства? Какое мероприятие для этого лучше организовать?

Содержание: Какое содержание приведёт к желаемому эффекту? Будут ли коннотации подавлять или ослаблять желаемый эффект?

Определите желаемые эффекты нового творческого самовыражения

Какого эффекта вы хотели бы достигнуть в сообществе через творчество? Например: чтобы члены сообщества постигли важную истину; чтобы они поступали по-другому; чтобы изменилось их плохое или опасное поведение; чтобы они создавали нечто новое; чтобы они думали по-другому; чтобы они чувствовали солидарность с другими; чтобы они почувствовали надежду, радость, гнев, сожаление/угрызения совести, восхищение, мир, удовлетворение, облегчение, утешение, сочувствие, удивление и т. п.

ВСТУПЛЕНИЕ

ПОДГОТОВКА

ШАГ 1

ШАГ 2

ШАГ 3

ШАГ 4

ШАГ 5

ШАГ 6

ШАГ 7

ЗАКЛЮЧЕНИЕ

Обсудите, как люди должны измениться, чтобы приблизиться к достижению целей Божьего Царства. Запишите результаты вашего обсуждения.

Определите содержание нового творчества

Если желаемый эффект зависит от того, как люди будут воспринимать новые идеи через искусство, то нужно быть уверенным в том, что эти идеи правильны.

Исследуйте то, чему вы собираетесь учить людей через искусство, чтобы передавать им точную информацию. Если это информация о том, как предотвратить малярию, то вам следует хорошо ознакомиться с фактами. Проконсультируйтесь с медиками. Если информация из Священного Писания, то следует заранее изучить выбранный отрывок. Проконсультируйтесь с богословами и переводчиками Библии. Поговорите об этом с Богом, другими творческими мастерами и руководителями.

Вместе обсудите следующие вопросы и запишите ответы:

- Какую информацию мы стремимся передать?

- Как убедиться в том, что эта информация правильна?

Выберите жанр для передачи информации и достижения желаемого эффекта

Каждый художественный жанр имеет характеристики, которые влияют на передаваемые им идеи и производимые им результаты. Рассмотрите вместе список художественных жанров, который вы подготовили по Шагу 1. Снова просмотрите составленную вами таблицу сравнения жанров, по необходимости дополняя её.

Жанр	Краткое описание	Мероприятие	Участники	Коннотации	Результаты	Организации/ Учреждения

Рисунок 8. Упрощенный обзор применения жанра к целям

По каждому жанру задайте вопросы:

- Приведёт ли новое художественное творчество в данном жанре к желаемым результатам?
- Если нет, то почему?
- Сможет ли новое художественное творчество в данном жанре успешно/точно передать необходимую информацию (содержание)?
- Если нет, то почему?

Выберите из списка один или два жанра, которые в настоящее время лучше всего подходят для желаемых изменений и передачи необходимой информации (содержания).

Помните, что все художественные жанры обладают характеристиками, которые можно использовать для Божьих целей. Однако не все они уместны в жизни сообщества в нынешний период времени. Призывайте всех участвующих в процессе молиться и прислушиваться к голосу Святого Духа. Не пытайтесь применять новый жанр, если участвующие в процессе руководители не считают это разумным. Убедитесь в том, что этого хочет Бог.

Обдумайте варианты различных мероприятий, на которых можно было бы представить или исполнить новую творческую работу

Прежде чем начать планировать создание новых творческих работ в определённом жанре, надо представить себе контекст для их презентации.

Подумайте о том, насколько успешно новая работа передаёт идеи. Некоторые примеры контекстов для передачи идей приведены в таблице ниже. Все вместе сделайте следующие дела:

- Составьте список всех мероприятий, на которых можно было бы представить или исполнить новые работы в выбранном жанре.

- Вспомните, какие вы выбрали результаты для достижения, какое содержание (информацию, идеи) и какой жанр.

- Отберите несколько мероприятий из списка и вкратце опишите их коммуникационные составляющие:

  - Кто осуществляет коммуникацию (передаёт информацию, идеи)?

  - Где и когда может произойти такое мероприятие?

  - Какие чувства будут задействованы?

ВСТУПЛЕНИЕ

ПОДГОТОВКА

ШАГ 1

ШАГ 2

ШАГ 3

ШАГ 4

ШАГ 5

ШАГ 6

ШАГ 7

ЗАКЛЮЧЕНИЕ

- Каким образом выбранный жанр будет воздействовать на восприятие информации (идей) людьми?

- Приведёт ли восприятие людьми этого творчества к желаемым результатам?

- Как люди будут реагировать на творчество исполнителей?

- Выберите мероприятие, на котором вы хотели бы исполнить или представить новую творческую работу.

Запишите результаты Шага 3 в следующей форме:

_____ организует

СООБЩЕСТВО

_____ на котором будет применён

МЕРОПРИЯТИЕ

_____ , с

ЖАНР(Ы)

_____ , что приведёт к

СОДЕРЖАНИЕ

_____ , которые помогут

ВОЗДЕЙСТИЯ НА ЛЮДЕЙ

_____ двигаться по направлению к

СООБЩЕСТВО

_____ .

ЦЕЛЬ ЦАРСТВА

ШАГ 4

Анализ жанров и творческих мероприятий

Для того чтобы создать новое, эффектное произведение, необходимо понять жанр, к которому оно относится. В Шаге 4 предлагаются некоторые идеи для детального анализа и изучения жанра. По мере ознакомления с разными жанрами и формами искусства следует помнить, что они со временем изменяются. Не держитесь за свои описания – завтра всё может измениться.

Шаг 4 включает в себя следующие компоненты:

- Выберите творческое мероприятие для анализа

- Сделайте первый краткий обзор мероприятия в общем

- Сделайте первый краткий обзор жанра (жанров) мероприятия

- Постарайтесь глубже понять формы мероприятия, используя Семь линз анализа

- Свяжите жанр(-ы) мероприятия с его более широким культурным контекстом

- Исследуйте виды искусства в церкви

По мере продвижения по Шагу 4, вы заметите, что не все упомянутые здесь исследования применимы к конкретному искусству, которое вы изучаете. И даже если все они были бы применимыми, у вас на всё не хватило бы времени. Всегда выполняйте задания, начинающиеся со слов «Сделайте первый краткий обзор…» Они дают вам много информации, отнимая у вас совсем мало времени и сил. А далее выбирайте то, что кажется вам наиболее актуальным или интересным. И тогда вы сможете выполнить достаточный объём работы.

Простые рекомендации для аудио- и видеозаписи

Запись художественной деятельности и произведений имеет множество преимуществ. Она помогает запоминать, даёт возможность просматривать прошедшие события, замечать упущенное, неоднократно прослушивать или просматривать исполнение танца, чтобы легче выучить его, и т. д. Далее приводится несколько простых рекомендаций для того, чтобы извлечь максимальную пользу из аудио- и видеозаписей.

Используйте как можно лучшее оборудование для записи. Технологии всё время меняются, поэтому трудно сказать, что именно вам следует приобрести. Советуйтесь с другими в вашем кругу и учитесь пользоваться тем, что вы приобрели.

Лучше плохая запись, чем никакой. Старайтесь совершенствовать свои навыки, но не отказывайтесь от записи из-за своей неопытности.

Берите с собой запасное оборудование. В самый неожиданный момент что-нибудь может сломаться. Всегда берите с собой запасные батарейки и записывающие устройства.

Удостоверьтесь в том, что тип и качество записи соответствует вашим целям. Например, если вы собираетесь предоставить запись на хранение в архив или передать аудио и видео продюсеру, то вам нужно будет узнать о требованиях к качеству записи.

Всегда просите разрешения у всех, кого вы записываете. Объясняйте им, как вы собираетесь использовать запись, и спрашивайте, согласны они или нет. Пусть они дадут вам письменное согласие или устно подтвердят его на видео.

Документируйте всё, что вы записываете. Ваша запись будет бесполезной, если однажды вас не будет рядом, и никто не будет знать, что там записано. Поэтому важно отмечать в тетради, когда, где, что и кого вы записали. Можно также наговорить текст на саму запись, например: «Говорит (ваше имя), записываю (того-то и того-то), в (таком-то месте), в (такой-то день)».

Рисунок 9. Рекомендации для аудио- и видеозаписи

Выберите художественное мероприятие для анализа

Во-первых, вы должны определить, о каком мероприятии вам хотелось бы узнать больше. Для более глубокого понимания искусства сообщества очень важно приобретать опыт участия в художественных мероприятиях. Если вы основываетесь только на абстрактных беседах с людьми, вы не сможете положиться на свои выводы.

Можно изучать от одного мероприятия до сотни – чем больше, тем богаче будет ваше понимание выбранного жанра. Обращайтесь к нижеуказанным принципам, чтобы понять, как выбрать мероприятие для анализа.

Характеристики подходящего художественного мероприятия

Непосредственный Опыт. Вы должны либо сами присутствовать на мероприятии (или знакомиться с творческими работами), либо смотреть очень качественную запись мероприятия.

Выбранный жанр. На мероприятии должен быть представлен именно тот жанр, с которым сообщество решило работать.

Общественное мероприятие. Мероприятие должно проводиться самими людьми в данном обществе.

Хороший образец. Желательно, чтобы на мероприятии были представлены хорошие образцы жанра в исполнении опытных мастеров из сообщества.

Рисунок 10. Характеристики подходящего художественного мероприятия

Сделайте первый краткий обзор мероприятия в общем

В указанных ниже категориях запищите ваши первые наблюдения, краткие интервью и общие впечатления от творческого мероприятия.

В дальнейшем можно будет изучить каждую категорию более подробно.

Контекст

Название сообщества:

Место (страна, регион, город/деревня, место):

Дата(ы):

Ваше имя:

Следующие категории непосредственно связаны с формами творческой коммуникации.

МЕСТО

- Где происходило событие: внутри помещения или снаружи?
- Где находились люди?
- Менялось ли их место во время мероприятия? Если да, то как?

МАТЕРИАЛЫ

- Какие вы заметили одежды, костюмы, музыкальные инструменты, электронные устройства, усилители и предметы освещения?
- По возможности и при необходимости сфотографируйте или нарисуйте их.

ВСТУПЛЕНИЕ | ПОДГОТОВКА | ШАГ 1 | ШАГ 2 | ШАГ 3 | ШАГ 4 | ШАГ 5 | ШАГ 6 | ШАГ 7 | ЗАКЛЮЧЕНИЕ

ОРГАНИЗАЦИЯ УЧАСТНИКОВ

- Кто там был?
- Сколько человек каждого пола и возраста?
- Какие демографические различия – социальный статус?
- Что они делали?
- Как они взаимодействовали?
- Кто организовал и рекламировал мероприятие?

СОБЫТИЕ ВО ВРЕМЕНИ

- Как долго длилось мероприятие?
- Когда оно произошло?
- Какие были основные части или разделы мероприятия?

АСПЕКТЫ ИСПОЛНЕНИЯ

- Что все делали?
- Какие виды деятельности были связаны с этим мероприятием, включая также дела, которые делались до и после него?

СОДЕРЖАНИЕ

- Какие использовались сюжеты, тексты, выводы, темы и языки?

ЛЕЖАЩАЯ В ОСНОВЕ СИМВОЛИЧЕСКАЯ СИСТЕМА

- Какие смыслы можно ассоциировать с описанными выше элементами?

Следующие категории связаны напрямую с тем, как искусство соотносится с культурой.

Возможные (предполагаемые) цели

- По какой причине было организовано это мероприятие?
- Было ли у мероприятия название?
- Чего пытались достигнуть участники мероприятия?
- Как они пытались этого достигнуть?
- Были ли какие-либо второстепенные цели, высказанные открыто или предполагаемые?
- Как эти цели повлияли на само мероприятие?

Эмоциональные переживания

- Как участники воспринимали мероприятие?
- Как его воспринимали другие?
- Какие эмоции и переживания были выражены в ходе всего мероприятия или в его частях, например: в речи или в песне?

Выражение ценностей сообщества

- Замечали ли вы признаки иерархической или эгалитарной общественной структуры? Какая была атмосфера: свободная или строгая, традиционная или нетрадиционная?
- Проявлялись ли эти ценности в текстах, пространственных отношениях или взаимоотношениях между участниками?

Общественный вклад

- Сколько и каких ресурсов сообщество вложило в это мероприятие?
- (К ресурсам может также относиться время подготовки к мероприятию, финансовые средства, длительность выступлений или исполнений, количество участников и маркеры статуса.)

Сделайте первый краткий обзор жанра (жанров) мероприятия

Простые вопросы ниже помогут вам сфокусироваться на том виде творческой деятельности, который использовался на мероприятии. Если использовалось более одного вида искусства, то задавайте вопросы по каждому из видов отдельно:

- *Какое* творчество создают участники (напр.: название жанра, виды деятельности, такие как рисование, актёрская игра, пение, танцевание)?

- *Кто* обычно исполняет или создает это творчество (женщины, мужчины, дети, члены касты)? Также запишите имена признанных исполнителей и мастеров.

- *Где* люди обычно создают творчество и выступают или исполняют произведения (в помещении, снаружи, в особо отведённых для этого местах)?

- *Когда* люди обычно создают творчество и выступают или исполняют произведения (днём, вечером, во время церемоний, на еженедельных репетициях, спонтанно для развлечения)?

- *Для кого* это делается (для возможного поклонника, восхищённых зрителей, Бога)?

- *Зачем* это делается (чтобы выразить эмоции, заработать деньги, побудить к действию, утвердить свою идентичность, поиграть)?

- *С какой коннотацией* люди обычно исполняют или представляют своё искусство (веселье, определенная возрастная группа, духовная коннотация, сексуальная)?

- *Каким образом* обычно создаются новые произведения этого жанра (индивидуально, во сне, экспериментальной работой в группе)?

ВСТУПЛЕНИЕ

ПОДГОТОВКА

ШАГ 1

ШАГ 2

ШАГ 3

ШАГ 4

ШАГ 5

ШАГ 6

ШАГ 7

ЗАКЛЮЧЕНИЕ

Углубление понимания форм мероприятия с помощью Семи линз анализа

В прямом смысле слова линза – это кусок отшлифованного стекла, который может менять проходящий через него свет. В зависимости от цели, линза может увеличивать или уменьшать размеры объекта, или окрашивать его определённым цветом. Таким образом, линза предназначена для фокусирования внимания на одном аспекте объекта. Мы тут используем эту же мысль в переносном смысле как ориентир в нашем исследовании искусства. В частности, мы представляем метод, с помощью которого ваши глаза, уши, нос, кожа и тело смогут прочувствовать семь категорий деталей. Эти семь категорий следующие: пространство, материалы, организация участников, разворачивание события во времени, аспекты исполнения, содержание и подлежащие символические системы.

Заметьте, что каждая из этих «линз» очень тесно взаимодействует с другими. Иногда другие линзы описывают то же самое с разных точек зрения, поэтому не удивляйтесь, если вы откроете сквозные темы. Кроме того, не каждая линза может одинаково успешно показывать те или иные аспекты данного мероприятия. Если вы видите, что какая-то линза не помогает вам продвинуться дальше с анализом, то попробуйте другую.

Мы разработали эти линзы для того, чтобы помочь вам больше понять о том, что происходит во время творческого мероприятия. Если вы впервые участвуете на мероприятии такого рода, то вы ещё не знаете, что здесь воспринимается, как нормальное. И вы не сможете понять, что сильно отличается от обычного хода таких мероприятий. Но по мере использования «линз) для описания других мероприятий этого типа, вы всё яснее будете видеть общие тенденции и исключения.

ЛИНЗА #1: ПРОСТРАНСТВО или МЕСТО

Тут речь идет о месте, в котором осуществляется творческая коммуникация: где оно находится, в каких пределах и с какими характеристиками. Пространство влияет на движения участников и их взаимоотношения друг с другом. От его масштабов зависит, сколько времени потребуется для передвижения. Оно также влияет и на другие элементы исполнения.

Для мероприятий с театральными и танцевальными аспектами место проведения играет особо важную роль. К тому же, мастера творческих работ манипулируют пространством, создавая формальную структуру посредством таких аспектов, как пропорция, ритм и баланс.

Для того чтобы узнать больше о месте проведения мероприятия, сделайте следующее:

- Задайте вопросы: Где происходило мероприятие: внутри помещения, снаружи или как внутри, так и снаружи? Какое это место (какие у него характеристики, например, форма и размер)? На какие части было разделено общее пространство? Какие действия проходили в каждой части?

- Начертите схему этого пространства, включая пределы и разграничения.

- Сфотографируйте центральное место и периферию.

- Расспросите участников и других инсайдеров о том, что происходило на мероприятии. Это желательно делать во время просмотра видеозаписи мероприятия.

- Составьте список местных названий задействованных элементов пространства.

ЛИНЗА #2: МАТЕРИАЛЫ

Материалы - это все предметы, связанные с мероприятием: одежда, ритуальные предметы, инструменты, бутафория, освещение, и т. д. Некоторые объекты важнее других для проведения творческого мероприятия. Это могут быть предметы, сделанные людьми (такие как маска), или используемые для определенной функции (например, орлиное перо может обозначать короля). Предметы могут служить разным целям и передавать разные значения на многих уровнях. Например, барабан *атумпан* (Гана) используется как инструмент в музыкальном ансамбле, но при этом также указывает на царственность, если имеет определённую форму, цвет и строение. Можно сказать, что он играет как функциональную, так и символическую роль. Заметьте также, что некоторые предметы могут вообще не использоваться в действии мероприятия.

В театре костюмы и бутафория показывают характер персонажей и создают драматическую обстановку. Музыкальный аспект спектакля обычно создаётся с помощью инструментов. В танце движение подчёркивается костюмами и вспомогательными причиндалами, а в рассказе событие иногда символизируется с помощью бутафории. Мастера изобразительных искусств создают эти предметы с помощью различных материалов.

Для того чтобы узнать о материалах, сделайте следующее:

Составьте список предметов, связанных с творческим мероприятием, задавая такие вопросы:

- Какие предметы там присутствовали, включая конструкции (такие как здания)?

- Какие предметы люди принесли специально для мероприятия?

- Во что люди были одеты?

- Что они держали в руках, пинали ногами или делали какими-то другими движениями тела?

- Были ли на мероприятии пища или напитки?

ВСТУПЛЕНИЕ

ПОДГОТОВКА

ШАГ 1

ШАГ 2

ШАГ 3

ШАГ 4

ШАГ 5

ШАГ 6

ШАГ 7

ЗАКЛЮЧЕНИЕ

Для каждого объекта, запишите следующую информацию:

- Как этот предмет называется на местном языке и на других языках?

- Какие у него физические характеристики (к ним могут относиться материал, дизайн, изготовление, вес и длина. Виды материалов, из которых изготовлен объект, могут быть например: волокно животного или растительного происхождения, минералы, металлы, пластики и древесина).

ЛИНЗА #3: ОРГАНИЗАЦИЯ УЧАСТНИКОВ

Когда проходит творческое мероприятие, в нём участвуют практически все присутствующие (а иногда даже те, кто там не присутствует, но принимал участие в подготовке). Каждый участник играет свою роль, которая влияет на форму исполнения. Роли бывают разные, например: создатели произведений, исполнители (певцы, музыканты, актёры, танцоры, рассказчики), зрители (знатоки, болельщики, зеваки, продавцы), помощники (строители, декораторы, постановщики, светооператоры, кассиры, вышибалы, билетёры), продюсеры, режиссёры и др. Личный опыт участников тоже в некотором смысле влияет на формальные характеристики мероприятия. К личному опыту относятся: навыки, родственные и другие связи, статус и роль в повседневной жизни, этническая, религиозная и социальная принадлежность. Например, некоторые функции в религиозной церемонии может выполнять только священник.

Для того чтобы узнать об участниках, сделайте следующее:

Задайте вопросы:

- Сколько было участников? (включая предков и богов, которые там физически не присутствовали)

- Каковы были их роли?

- Как участники использовали аспекты исполнения для взаимодействия?

- Наблюдались ли очевидные закономерности в их действиях (этикет)?

- Существуют ли местные названия ролей участников мероприятия?

- Каковы самые важные качества и характеристики каждого участника, связанные с его навыками, способностями, репутацией и профессиональным или кастовым статусом?

Сделайте аудио- и видеозаписи мероприятия, а также фотографии.

- Спросите знакомого, участвующего в мероприятии, о том, какую роль вы могли бы в нём сыграть. Отметьте, какие навыки и знания вам потребуются для того, чтобы играть ту или иную роль. По возможности, когда представится благоприятный случай, будьте готовы сыграть роль в будущем мероприятии такого рода.

Составьте программу, отмечая действия и взаимодействия участников.

Расспросите о происходящем участников и других инсайдеров. Лучше это сделать при повторном просмотре мероприятия на видеозаписи.

Как обычно, ищите смысл, символизм и более широкие культурные мотивы.

ЛИНЗА #4: Событие во времени

Одним из лучших способов описания мероприятия является разделение его на хронологические части. Надо определить, когда кончается один временный сегмент и начинается другой. Это обозначается значительными изменениями в элементах мероприятия. Отмечайте эти изменения, рассматривая их через другие линзы. Эти изменения называются *маркерами*. Например, к маркерам относятся паузы или резкое изменение характеристик участников. Маркеры также могут использоваться в начале и конце действий участников или песен.

Спектакль – это наглядный пример вида искусства со многими хронологическими частями, так как он состоит из действий и сцен, которые сопровождаются жестами и движениями. Концерт можно разделить на части так: песни, куплеты, фразы, ноты. Танцевальные жанры можно разделить на отдельные танцы, мотивы и жесты. Словесное искусство, например поэзию, можно разделить на строфы, строки и ударения.

Выполните рекомендации ниже, чтобы узнать про развитие события во времени:

- Сделайте аудио- и видеозапись мероприятия.

- Сделайте хронику мероприятия по методу иерархической сегментации, выполняя следующие шаги:

ВСТУПЛЕНИЕ

ПОДГОТОВКА

ШАГ 1

ШАГ 2

ШАГ 3

ШАГ 4

ШАГ 5

ШАГ 6

ШАГ 7

ЗАКЛЮЧЕНИЕ

Шаг 1

Во время просмотра или прослушивания записи мероприятия, делайте его хронику, описывая, когда что происходит.

Время	Что происходит
13:30	Начали собираться рассказчики
...	...
...	...
14:27	Все разошлись

Шаг 2

Просмотрите или прослушайте запись ещё раз, отмечая ключевые переходные участки (возможно, это нужно делать вместе с одним из участников таких мероприятий). Затем подготовьте таблицу с самыми длинными сегментами наверху, разделяя их до той степени, какую требует ваше исследование.

Сегмент 1 (5 мин.)		Сегмент 2 (12 мин.)			Сегмент 3 (10 мин.)		Сегмент 4 (3 мин.)		
1А	1Б	2А	2Б	2В	3А	3Б	4А	4Б	4В

ЛИНЗА #5: Аспекты исполнения

Аспекты исполнения – это результаты того, что люди делают во время мероприятия. Иными словами, это характеристики исполнения. На творческом мероприятии артист подключает свои уникальные навыки и процессы, согласно известным ему правилам того или иного вида искусства. Чтобы иметь успех на мероприятии, исполнитель должен хорошо знать эти правила. К аспектам исполнения относятся следующие категории: голосовые аспекты, движения, манипуляция предметами, визуальные характеристики, ритм, речь и поэтические приёмы.

КАТЕГОРИИ АСПЕКТОВ ИСПОЛНЕНИЯ

Голосовые аспекты: Исполнители используют голосовые аспекты, когда играют роль в спектакле. В музыке голосовые аспекты помогают участникам петь. В танце вокальная манипуляция помогает участникам координировать дыхание с движениями. В словесных искусствах голосовые модификации создают специальные эффекты изменениями в тональности или тембре голоса.

Движения: В спектакле актёры используют движения для раскрытия характера персонажа и пространственной организации. В музыке музыканты используют движения тела в игре на инструментах. В танце движения тела задействованы в элементах динамики, фразировки и организации положения тела в пространстве. В словесных искусствах рассказчики жестикулируют, чтобы передать дополнительный смысл.

Манипуляция предметами: В театре актёры манипулируют предметами для лучшего исполнения своих ролей. В музыке манипуляция предметами помогает играть на инструментах и изменять голос. Танцоры манипулируют предметами ради движений. А в словесных искусствах передвижение предметов акцентирует определённые элементы речи. В изобразительных искусствах участники создают или показывают коммуникативный предмет.

Визуальные характеристики: Визуальные характеристики, передаваемые костюмами, макияжем, куклами и другими средствами, играют важную роль в театральных и танцевальных выступлениях. В изобразительных искусствах дизайн и композиция имеют визуальные характеристики.

Ритм: Многие аспекты ритма проявляются в музыке, например: полиритмия (когда разные ритмы играются одновременно), пропорциональный ритм (когда исполняются небольшие единицы ритма в рамках более крупных единиц) или свободный ритм (ритм без очевидных закономерностей).

Речь: Речевые характеристики играют важную роль в презентации или повествовании в театральном искусстве, а также в других словесных искусствах.

Поэтические приёмы: Участники также могут использовать поэтические приёмы для театральной игры, в написании текстов песен и во всех словесных искусствах.

Рисунок 11. Категории аспектов исполнения

Для ознакомления с аспектами исполнения рекомендуется следующее:

Находясь на мероприятии (или при просмотре/прослушивании записи), опишите происходящее с учётом таких вопросов:

- Что вы слышали?

- Какие вы видели движения, цвета, свет и формы?

- Какие запахи и ощущения вы чувствовали?

- Какие были вкусы?

Наблюдая за мероприятием (или при просмотре/прослушивание записи), напишите в свободной форме ответы на эти вопросы:

- Как участники использовали свои голоса?

- Голосовые действия могут включать в себя пение, актёрскую игру, декламирование, чтение или произведение звуковых эффектов.

- Как участники работали телом?

ВСТУПЛЕНИЕ

ПОДГОТОВКА

ШАГ 1

ШАГ 2

ШАГ 3

ШАГ 4

ШАГ 5

ШАГ 6

ШАГ 7

ЗАКЛЮЧЕНИЕ

Распространенные действия телом включают актёрскую игру, игру на инструментах и танец.

- Что участники делали со словами?

- Распространенные действия со словами включают зачитывание поэзии, пение, игру, декламацию и повествование.

- Что участники делали с предметами?

- Например, они могли с ними играть, что-то показывать, танцевать, декламировать, читать повествование, представлять какой-либо коммуникационный предмет.

ЛИНЗА #6: СОДЕРЖАНИЕ

Содержание означает предмет или темы творческого мероприятия. Обычно содержание тесно связано со знаками, такими как слова или движения в языке жестов или в танце. Нескольких слоёв смысла могут существовать одновременно, и смысл может выражаться прямо или косвенно. Чтобы правильно понять содержание мероприятия, необходим контакт с людьми, которые прекрасно понимают используемый язык или другие коммуникационные системы. Не пытайтесь угадать смысл.

Для того чтобы понять содержанием мероприятия, совершите следующие действия:

- Сделайте запись мероприятия. Попросите знакомого записать важные слова, которые звучали на мероприятии, и объяснить значения символических движений.

- Спросите у участников, какой смысл они старались передать на мероприятии.

- Расспросите участников о том, какие эмоции они стремились вызвать у людей или к каким действиям они хотели их побудить.

- Спросите участников о том, какие темы их злили, смешили, были скучными или интересными.

ЛИНЗА #7: Лежащая в основе символическая система

Участников мероприятия объединяет общая ментальная и эмоциональная среда. Во время творческого мероприятия они руководствуются общими правилами, ожиданиями, грамматическими конструкциями, мотивацией и жизненным опытом. В основе их символической системы лежат общие знания и понимание. Именно такими символическими системами руководствуются люди при создании и толковании композиций.

Некоторые системы, лежащие в основе творчества, определяются очень легко. Например, цикличность индонезийского музыкального жанра под названием *гамелан* можно без труда определить по регулярно повторяющемуся удару в большой гонг. И вальс Штрауса отличается своим трёхдольным ритмом, где первая доля всегда ударная, поэтому такой вальс не требует глубокого анализа. Ещё одним примером может послужить тайский театральный жанр *ликай*, в котором зрители могут без затруднения определить шаблонных персонажей, кратко ознакомившись с поведением и костюмами персонажей.

Не все системы, лежащие в основе творчества, понимать легко. Некоторые системы требуют глубокого анализа по строгому научному методу. Необходимо брать у участников интервью или даже лично принимать участие в мероприятии. Например, не всегда легко разобраться в грамматических правилах построения мелодической или ритмической линии песни. В танце не всегда очевидны допустимые жесты. В живописи часто бывает трудно сразу определить, как художник использует в картине пространство.

Дотошный, тщательный анализ символических систем, лежащих в основе творчества, выходит за пределы данного руководства.

Жанр произведения в общем культурном контексте

Художественное творчество всегда тесно переплетается с другими аспектами общественной жизни. Для более глубокого понимания музыкального, театрального, танцевального, а также словесного, изобразительного или кулинарно-гастрономического творчества людей, вам необходимо получить более полное представление о сообществе в целом.

Для того чтобы лучше понять, как данная художественная форма соотносится с культурой, нужно исследовать приводимые ниже аспекты, особенно те, которые представляются вам наиболее важными и интересными.

Творцы и артисты

Как бы сообщество ни планировало задействовать искусства для достижения целей Божьего Царства, план должен включать в себя понимание творцов и артистов и взаимодействие с ними. Ведь Бог призывает нас учиться у них и всячески поддерживать их. Они - главные герои в деле совместного творчества.

Для того чтобы узнать о творцах данного жанра, совершите следующие действия:

- Лично познакомьтесь с людьми, которые занимаются созданием произведений искусства в интересующем вас жанре. Можно выбрать опытного мастера и заниматься с ним формально или неформально. Постарайтесь проникнуть в их личный и творческий мир. Посидите с композитором и посмотрите, как он(а) пишет музыку. Попросите разрешение посетить занятия, где мастер учит учеников. Рассказывайте

ВСТУПЛЕНИЕ

ПОДГОТОВКА

ШАГ 1

ШАГ 2

ШАГ 3

ШАГ 4

ШАГ 5

ШАГ 6

ШАГ 7

ЗАКЛЮЧЕНИЕ

ему или ей о вашей жизни и ваших творческих способностях.

Задавайте вопросы:

- Как мастера данного жанра взаимодействуют с сообществом?

- Каким общественным статусом обладают люди искусства?

- Зависит ли статус от вида искусства (игра на литаврах в королевском дворе, исполнение музыки на важных событиях, бурлеск в злачном месте)?

- Как человек становится творцом в данном жанре?

- Нужно ли для этого принадлежать к какой-то социальной группе (касты, родовые профессии и т.д.), обладать особым талантом или усиленно трудиться? Возможно, необходимо и то, и другое?

Творчество

Каждое сообщество создаёт то, что прежде не существовало. Однако каждое сообщество (и в каждом творческом жанре) имеет своё представление о том, что такое «новое», и по-разному создаёт новые произведения.

Для того чтобы узнать о подходе к творчеству в том или ином жанре, совершите следующие действия:

Наблюдайте, участвуйте в создании произведений искусства, заказывайте их у существующих мастеров. По мере участия в этом творческом процессе, вы будете всё лучше понимать, кто и как создаёт новые произведения.

Задавайте вопросы:

- Создаются ли новые произведения осознанно, или же «принимаются» через видения?

- Кто стоит за произведением: отдельный человек или группа людей?

- Какими способами создаются произведения (импровизация, совместное творчество в рамках сообщества, индивидуальная работа)?

- Что больше ценится в данном сообществе: оригинальность или следование традиции?

Язык

Язык(и) или типы языков, используемые в мероприятии, может дать много информации о его соотношении с более широким культурным контекстом. Песни на региональном или национальном языке указывают на региональную или национальную идентичность участников. Ковёр с мотивами уникального алфавита малочисленного народа, вероятно, подчёркивает его культуру и идентичность. В творческом общении также часто используются архаизмы и слова, не употребляемые в повседневной жизни. Употребление архаизмов может вызывать чувства тайны или страха, связанные с данным жанром, но древние выражения могут служить и другим целям.

Для того чтобы разобраться в использовании языка в каком-либо жанре, выполните следующие действия:

Просмотрите или прослушайте запись мероприятия или посмотрите на произведение искусства с человеком, который о нём много знает. Составьте список всех компонентов, в которых используется язык, и запишите ответы на такие вопросы:

- Какой это язык или диалект? Имеются ли здесь слова из других языков?

- Так принято говорить в повседневной жизни, или это особые формы речи?

Изменения и передача традиции

В этом пособии важной является тема неизбежности изменений. Со временем всё меняется. Люди передают свои навыки и знания другим, но это никогда не происходит в совершенстве. Традиция может передаваться путём формального обучения, неформального наблюдения, наставления или личного исследования.

Для того чтобы узнать, как тот или иной жанр менялся в прошлом и как он меняется сейчас, совершите следующие действия:

- Расспросите участников исследуемого вами мероприятия, как они научились выполнять те или иные действия. Узнайте, можете ли вы сами поучаствовать в процессе или посмотреть на него как наблюдатель. Если у вас будет возможность посмотреть на процесс, отметьте взаимодействия между участниками, отношение к более знающим и опытным из них, а также используемые в процессе предметы.

- Если это мероприятие является частью древней традиции, то поспрашивайте у самых старших участников, как люди раньше учились данному искусству. Затем спросите, отличается ли современный процесс обучения от прошлого, и если до, то как.

ВСТУПЛЕНИЕ | ПОДГОТОВКА | ШАГ 1 | ШАГ 2 | ШАГ 3 | ШАГ 4 | ШАГ 5 | ШАГ 6 | ШАГ 7 | ЗАКЛЮЧЕНИЕ

ВСТУПЛЕНИЕ

ПОДГОТОВКА

ШАГ 1

ШАГ 2

ШАГ 3

ШАГ 4

ШАГ 5

ШАГ 6

ШАГ 7

ЗАКЛЮЧЕНИЕ

- Найдите старые и новые записи или образцы интересующего вас жанра. Изучите их (просмотрите или прослушайте) вместе с опытным и знающим человеком. Попросите его (её) объяснить вам различия и причины изменений.

Культурный динамизм

В здоровых сообществах преемственность присутствует вместе с изменениями. Художественные жанры поддерживают жизнеспособность сообщества на основе взаимодействия стабильных и текучих элементов жанра. *Стабильные элементы* остаются неизменными; они регулярно повторяются во времени и в пространстве; они в значительной степени организованы и регламентированы. *Текучие элементы* меняются со временем. Они менее предсказуемы (в них возможна импровизация) и не столь подвержены нормативному контролю. Культурный динамизм имеет место, когда мастера тонко используют наиболее текучие элементы искусства для укрепления его наиболее стабильных элементов.

Для определения степени динамичности жанра и способов обеспечения динамичности, задайте участникам мероприятия следующие вопросы:

- *Для определения стабильных элементов:* Какие формы искусства или какие их аспекты применяются наиболее регулярно, с минимальным уровнем вариативности и максимально регламентированно?

- *Для определения текучих элементов:* Какие формы искусства или какие их аспекты наименее предсказуемы и более свободно организованы?

- *Для определения взаимодействия между стабильными и текучими элементами:* Как стабильные и текучие элементы взаимодействуют между собой?

Идентичность и власть

Отдельные сообщества могут использовать художественные средства выражения для поддержания социального статуса и власти или для противостояния им. Иногда некоторые художественные формы позволяют членам общества с низким социальным статусом доносить до других людей свои проблемы. Неправильная оценка представлений людей о властных отношениях может привести к ненужным недоразумениям и конфликтам.

Для того чтобы узнать, как в том или ином художественном явлении проявляются отношения идентичности и власти, совершите следующие действия:

- Запишите тексты, связанные с мероприятием: слова песен, текст повествования и т. д. Проанализируйте эти тексты, пытаясь определить слова или другие знаки прямой поддержки или противостояния по отношению к какому-либо человеку, учреждению и т. д. Вы можете обсудить какие-то моменты со знакомым, чтобы понять, есть ли в этих текстах скрытый смысл.

- Внимательно просмотрите мероприятие. Были ли в нём какие-либо слова или знаки, направленные против структур власти, которые больше нигде вам не встречались? Искусство и связанные с ним мероприятия могут создавать безопасное пространство для протеста или разрешения конфликтов.

- Задавайте участникам мероприятия следующие вопросы: Как искусство используется для поддержки или противостояния власти? Кто участвует в таких формах искусства и почему? Используются ли способы передачи скрытого смысла? Используются ли речи для открытой поддержки представителей и структур власти или противостояния им?

Эстетика и оценка

Людям свойственно быстро выносить эстетическое суждение о про-изведениях искусства на основе своих собственных художественных стандартов. Мы должны стараться сдерживать в себе такие импульсы и помогать другим сдерживать их. Работая с интересующим вас сообще-ством, вы можете выяснить, как его представители относятся к критике и к эстетическим оценкам.

Для того чтобы разобраться в вопросах, связанных с эстетикой и оценкой, выполните следующие действия:

- Спросите знакомых, стали бы они поправлять людей старшего или младшего возраста (и если да, то как), а также людей более высокого или низкого положения. В некоторых контекстах члены сообщества могут ценить прямую критику. В других ситуациях, возможно, их необходимо поправлять более скрытыми, косвенными способами.

- Спросите у тех же знакомых о том, как разные люди из упомянутых ими групп поправляли бы их самих.

Чтобы понять, как происходит эстетическая оценка художественных объектов, выполните следующие действия:

- Спрашивайте о том, по каким критериях компоненты формы оцениваются положительно или отрицательно.

- Наблюдайте за тем, как опытные участники обучают других (при возможности, вас самих) художественным формам. Записывайте, какие советы они дают, какие ошибки поправляют. Наблюдая за их советами и исправлениями, вы можете получить представление об их понимании идеальных форм.

- Замечайте, что считается важным, о чём члены сообщества говорят с уважением. Отмечайте, для создания чего требуется особый опыт, навыки и время. Важные, уважаемые и особые объекты или действия обычно имеют идеальные характеристики. Спрашивайте, что придаёт им ценность и определяет удовольствие от их восприятия.

Время

В ходе художественного мероприятия люди часто осмысляют и переживают время особым образом. Участники могут ощущать, что время ускоряется, замедляется или приобретает непредсказуемые, сложные свойства. В дополнение к этому, структура, ритм и временная организация исполнения могут иметь отношение к более общим аспектам культуры. А во многих сообществах ещё имеются особые мероприятия, связанные с определёнными датами в сельскохозяйственном, религиозном или каком-либо другом календаре.

Для выяснения временных аспектов художественного события выполните следующие действия:

- После мероприятия спросите у его участников, как они знали, когда выполнять те или иные действия? Как они ощущали время? Всё происходило в линейной последовательности, в ходе повторяющихся циклов или в текучем режиме волнами? Было ли у них ощущение священности? В каких других случаях время для них ощущается подобным образом?

- Попросите экспертов данного жанра описать, как они ощущают время в ходе представления. Имеется ли явная связь между этим описанием и более широкими календарными циклами?

Эмоции

Способность выражать или вызывать те или иные эмоции является одной из самых заметных характеристик художественной коммуникации. Искусство способно непосредственно связывать звук, вид, движение, запах и вкус с мощными, эмоционально заряжёнными воспоминаниями. Кроме того, оно часто предоставляет социально приемлемые возможности для разрядки сильных чувств, таких как плач или жалоба во время горя.

Для выяснения эмоциональных аспектов художественных мероприятий выполните следующие действия:

- Просмотрите запись мероприятия и запишите, какие эмоции выражают его участники, включая публику.

Спросите кого-либо из участников мероприятия, согласны ли они с вашим толкованием.

- Просмотрите запись художественного мероприятия вместе с теми, кто там присутствовал. Следите за ними, и когда они выражают ту или иную эмоцию (радость, удивление, грусть, гнев, презрение и т. п.), останавливайте запись и спрашивайте, с чем связана такая реакция. Составьте список слов, которыми они описывают свои эмоции и вызвавшие их аспекты представления.

Содержание

Песни, пословицы и поговорки, ковры и гобелены, а также многие другие виды искусства имеют вербальное содержание. Оно порождается воображением, опытом и историей отдельных людей и целых сообществ. Художественная коммуникация зачастую раскрывает информацию, недоступную никаким другом образом. Мастера искусств иногда передают мысли о том, о чём обычно не принято говорить.

Очень часто художественная коммуникация излагает ценности сообщества в легко запоминающейся форме. Ярким примером являются пословицы. В текстовом содержании о разных темах нередко говорится в метафорическом или зашифрованном виде, и первое понимание может быть далеко не единственно правильным.

Для выяснения содержательных аспектов выполните следующие действия:

Составьте список вербальных компонентов мероприятия: песен, пословиц, рассказов. Попросите знающего человека описать смысловые сообщения в каждом из них. Задавайте следующие вопросы:

- О чём идет речь?

- Какую мысль они пытаются передать?

- Имеется ли здесь некий урок?

- Если да, то для кого он предназначен?

При просмотре видеозаписи или прочтении текстовой записи попросите небольшую группу участников составить список всех упомянутых людей, предметов, мест, событий или духовных существ. Попросите описать их. Запишите эти описания и ответы.

Выявляемые ценности сообщества

Художественная коммуникация часто предоставляет членам сообщества пространство, где можно бросить вызов авторитетам и властным структурам. При этом организация и исполнение произведений также могут выявлять важные аспекты ценностей и социальных структур. Анализируйте физическую и социальную организацию действий участников, чтобы получить представление о более общих ценностях сообщества.

Для исследования отношений между художественным мероприятием и общими ценностями сообщества выполните следующие действия:

Просмотрите мероприятие, а затем задайте следующие вопросы:

- Как участники взаимодействуют с представителями властей на мероприятии?

- Как это отличается от подобных взаимодействий в других контекстах?

- Указывает ли физическая организация участников на какую-либо иерархическую структуру, подобную первому, второму и третьему рядам музыкантов в симфоническом оркестре, или же все участники физически находятся на одном уровне?

Ответы на эти вопросы могут отражать ценности иерархических или эгалитарных социальных структур в других сферах жизни сообщества.

- Поощряется ли индивидуальное самовыражение участников, и если да, то как? В какой атмосфере проходит мероприятие: свободно или с жёстким регламентом?

Ответы на эти вопросы могут отражать ценности конформизма или нонконформизма в других сферах жизни сообщества.

Вклад сообщества

Общее количество энергии, которое члены сообщества вкладывают в различные виды художественных действий, может широко варьировать. Когда дед говорит внучке пословицу, в этом действии участвуют только два человека. Для этого не нужно ни подготовки, ни денежных средств, ни времени (ведь на это уходит несколько секунд). А похороны царя в западном Камеруне могут длиться целый месяц. В них участвуют сотни людей. Требуются значительные финансовые средства для оплаты еды, транспорта и подарков.

Для того чтобы узнать о вкладе сообщества в то или иное художественное мероприятие, вам следует наблюдать, задавать вопросы и собирать информацию о следующем:

- продолжительность представления

- статус планирования: время высокого статуса, время низкого статуса

- объём подготовки

- денежные затраты на исполнение

- место проведения: высокого статуса, низкого статуса

- пространство проведения: статус, размеры, расходы, эксклюзивность

- участники: количество, статус, эксклюзивность, уровень мастерства или профессионализм

- сложность: количество релевантных аспектов

Изучение видов искусства, существующих в церкви

Если в сообществе есть церковь, мы хотим помочь ей расширять Божье Царство внутри и за пределами. Поэтому мы разработали ресурсы особо для христианских сообществ. Мы относимся к церквям как к специальным видам сообществ по двум причинам. Во-первых, церковь – это Тело Христа (Колоссянам 1:24), поэтому нам не безразлично то, как живут члены церкви. Во-вторых, церкви находятся в определённых местах, но связаны с людьми и в *других* местах, тем самым создавая *более широкие общины*, включающие разные конфессии, международные миссионерские организации, католические или православные ордена и т. п. Для того чтобы помочь церкви служить Богу в более полной мере, надо рассмотреть *все* существующие в ней виды искусств, независимо от их источников.

Для того чтобы вам было легче помогать церковным общинам, мы предлагаем вам два упражнения. Первое – по определению и оценке используемых в церкви искусств. Оно состоит из трёх частей. Второе – по сравнению музыкальных инструментов в Ветхом Завете. Оно показывает, как одни и те же инструменты можно использовать в разных целях.

Определите и оцените искусства, использующиеся в церкви

1. Ознакомьтесь с искусствами в церкви

Подход по определению и ознакомлению с творческой жизнью церковной общины похож на первый шаг по ознакомлению с искусством в более широком культурном контексте (Первый взгляд на искусства сообщества). Записывайте всё, что вы узнаёте, в профиль искусств сообщества. Соберите лидеров и участников в различных аспектах церковной жизни и попробуйте вместе проработать следующие упражнения.

Перечислите все контексты, в которых люди выступают как часть этой церкви

Подобные контексты включают следующие (но не ограничиваются ими): группы по изучению Библии, домашние группы, воскресная школа, ду-

ВСТУПЛЕНИЕ

ПОДГОТОВКА

ШАГ 1

ШАГ 2

ШАГ 3

ШАГ 4

ШАГ 5

ШАГ 6

ШАГ 7

ЗАКЛЮЧЕНИЕ

ховное образование для взрослых, Богослужение, духовное наставничество, месса, воскресная летняя школа, миссия для детей, благотворительная столовая, посещение больных, ритуалы (крещение, свадьбы, похороны и т. п.), служения исцеления, праздники, выезды, евангелизм, фестивали, концерты, бдения, чтение молитв и семейные собрания. *Можно использовать таблицу ниже.*

Церковные мероприятия и служения	Используются ли художественные жанры, и если да, то какие?

Перечислите все виды искусств, используемые в каждом контексте.

Для каждого из установленных группой контекстов запишите используемые в нём виды искусств (жанры). Обычно в христианских общинах творчество проявляется через песнопения, проповеди, рассказы историй, лепку, резьбу на дереве, дизайн помещения, танцы, шитьё знамён, рисование или чтение. Имейте в виду, что в христианских сообществах часто совершаются ритуалы, которые сами по себе могут быть целым творческим мероприятием (например, включать в себя элементы театрального искусства), а могут включают в себя художественные элементы. *Можно использовать таблицу ниже.*

Перечислите всех людей с ярко выраженными художественными дарованиями, независимо от того, используют ли они их в церкви или нет.

Запишите все творческие способности и таланты каждого члена христианского сообщества (например: сочинение песен, исполнение, рисование и т. п.). Руководители церкви могут не знать о всех талантах своих прихожан. В таком случае вы можете помочь им более подробно изучить этот вопрос с помощью опросника или бесед. *Можно использовать таблицу ниже.*

Люди с художественными способностями или талантами	Какой жанр(ы)?

2. Сравните, как искусство используется христианским сообществом и как оно используется другими сообществами

Данные шаги помогут церквам определить, как лучше всего строить отношения с другими сообществами в их окружении. Обратите особенное внимание на «Церковную жизнь» и «Личную духовную жизнь» в Шаге 2. Не забывайте, что это лишь часть более широкого процесса, в ходе которого церкви критически оценивают возможность применения разных творческих жанров. *Для начала, можно использовать таблицу ниже.*

- Обратитесь к списку, в котором вы перечислили все виды искусств, используемые христианской общиной во всей её деятельности.

- Обратитесь к списку жанров окружающего общества в Шаге 1.

- Отметьте все жанры, используемые как в церкви, так и в окружающем обществе.

- По каждому жанру, который используется в обоих контекстах, обсудите и запишите, чем они отличаются.

- Сделайте список всех жанров, которые не используются в церкви, но используются в окружающем обществе. Обсудите причины, по которым данный жанр не используется в церкви, и возможности для его использования.

Жанры, используемые в церкви	Используется ли этот жанр за пределами церкви? (да/нет)

ВСТУПЛЕНИЕ

ПОДГОТОВКА

ШАГ 1

ШАГ 2

ШАГ 3

ШАГ 4

ШАГ 5

ШАГ 6

ШАГ 7

ЗАКЛЮЧЕНИЕ

3. Оцените, насколько успешно выполняют свои цели искусства в христианской общине в данное время

В Шаге 2 мы отметили несколько целей стремления церкви к расширению Божьего Царства: углубить Богослужение, улучшить духовное становление, расширить своё свидетельство и т. д. Краткий обзор того, как искусства использовались в Библии, делает список более длинным: празднование победы (Исход 15), шествие (2 Царств 6), восхищение (2 Паралипоменон 5), культурные праздники (2 Паралипоменон 35:15), покаяние (Псалом 50), танец (1 Паралипоменон 15), похороны (Матфея 9:23), укрепление церкви (1 Коринфянам 14:26), выражение радости (Иакова 5:13), выражение скорби (Псалом 6), духовная битва (2 Паралипоменон 20:21-23), исцеление (1 Царств 16). Следует учитывать, что в Библии искусство не всегда служит положительным примером. Например, Аарон сделал идола в форме золотого телёнка (Исход 32), но нам так поступать нельзя.

Кроме того, в Библии говорится о многих других целях церкви, таких как покаяние и исповедь, свидетельство, молитва, наставление, благодарение, обучение, оплакивание, евангелизм, поддержка, ободрение, обновление сознания, примирение, прощение, вразумление, воспоминание, создание сплочённости и создание контекстуальных эквивалентов. Мы не можем составить исчерпывающий список всех возможных целей церкви, но каждой церкви важно определить, для чего она существует, чтобы оценить, могут ли разные виды искусства помочь ей достигать целей. Этот процесс может также выявить дополнительные библейские цели, которые может принять община. Для этого предлагается следовать шагам ниже (*можно использовать таблицу ниже*).

- Обратитесь к списку контекстов, в которых действуют прихожане в рамках своей христианской общины.

- Выберите один контекст, в котором существует творческий элемент, и перечислите все его цели. Перечитайте абзацы выше для рекомендаций.

- Опишите, как формы творческой деятельности, используемые в каждом контексте, поддерживают или отвлекают церковь от достижения цели. Обсудите результаты и, если нужно, предложите изменения.

- Используйте ваши выводы для того, чтобы вдохновить и побудить на творчество в Шаге 5.

- Повторите это же с другими видами церковной деятельности.

- Пример мероприятия в церкви, при котором используется искусство: _____

Цель (Цели) мероприятия	Виды искусства, используемые в мероприятии

Содействуют ли используемые виды искусства целям мероприятия или отвлекают от них?	

Сравнение инструментов из Ветхого Завета

Иногда у церквей создаются негативные ассоциации с определёнными предметами (например, с музыкальными инструментами) или жанрами. Таблица ниже наглядным образом показывает, что никакой предмет сам по себе не обладает моральной ценностью. Его ценность и угодность Богу зависит от того, с каким сердцем его использует человек. Помогите группе открыть для себя эту истину, выполнив следующее упражнение. Начните с пустой таблицы и следуйте шагам ниже:

1. Напишите на доске ссылки на места Писания.

2. Попросите кого-нибудь прочитать каждое место Писания вслух. Затем попросите группу назвать все упомянутые в тексте инструменты. Запишите их в соответствующей колонке.

3. Попросите группу отметить те инструменты, которые встречаются в нескольких колонках. Обведите их.

4. Попросите группу описать цель каждого события. Впишите цели в соответствующую колонку.

5. Спросите участников группы, могут ли они найти взаимосвязь между конкретными целями и инструментами.

6. Спросите их о том, какие принципы можно вывести из этого упражнения. Затем обсудите, как можно применить эти принципы к использованию искусств в их церкви.

ВСТУПЛЕНИЕ   ПОДГОТОВКА   ШАГ 1   ШАГ 2   ШАГ 3   ШАГ 4   ШАГ 5   ШАГ 6   ШАГ 7   ЗАКЛЮЧЕНИЕ

Даниил 3.5 Королевский двор (ложное поклонение)	Исаия 5:12 Пьянство на вечеринке (светской)	Псалом 150 Прославление Бога (истинное поклонение)	2 Царств 6:5; 1 Паралипоменон 15:16-29 религиозное шествие (истинное поклонение)
флейта (продольная)		флейта (продольная)	
труба из звериного рога		шофарная труба	шофарная труба серебряные трубы
дудка	дудка		
лира	лира	лира	лира
лира большая	лира большая	лира большая	лира большая
изогнутая арфа		струнные и деревянные духовые инструменты	
различные виды инструментов			
	бубен	бубен	бубен
		тарелки	тарелки
		громкие тарелки	
			погремушка
		танец	танец

ШАГ 5

Вдохновение и побуждение к творчеству

Вдохновительное действие – это любое действие, направленное на создание нового творчества. В зависимости от места, для творческой деятельности может потребоваться много или мало участия от самого сообщества. Например, на вечерней встрече кто-нибудь может в ответ на услышанную речь посоветовать другому нарисовать картину, и этот совет может побудить того человека к созданию нового произведения искусства при минимальном участим сообщества. Более сложно организовать фестиваль. В этой творческой задаче участвует множество мастеров и членов местного правительства, и от местного населения тоже требуется активное участие.

Вдохновительное действие может сразу привести к положительным результатам, а может заложить фундамент для последующих творческих самовыражений. Например, благодаря вдохновению, музыкант может научиться сам делать традиционный музыкальный инструмент, настраивать его и играть на нём. В дальнейшем это может послужат фундаментом для написания новых песен. А ещё действия по вдохновению и побуждению на творчество могут включать все шаги из процесса «Со-Творчества», несколько шагов или только один шаг. Например, на семинарах часто уделяется время определению целей Божьего Царства (**Шаг 2**), проведению первоначального анализа жанра (**Шаг 4**), а также созданию и совершенствованию произведений (**Шаг 5**). Другие занятия могут быть целиком посвящены творческому процессу. В любом случае, общество должно воспринимать шаг 5 в рамках всего процесса «Со-Творчества».

ВСТУПЛЕНИЕ

ПОДГОТОВКА

ШАГ 1

ШАГ 2

ШАГ 3

ШАГ 4

ШАГ 5

ШАГ 6

ШАГ 7

ЗАКЛЮЧЕНИЕ

Как организовать зажигательное мероприятие

А. Обратитесь к знакомым методам композиции

У каждой творческой группы и у каждого творческого человека имеются свои установившееся навыки и способы создания художественных произведений. Их по возможности необходимо задействовать. Например, в группе Моно (Демократическая Республика Конго) одного композитора попросили написать новую композицию в жанре *гбагуру* на тему притчи Иисуса Христа. Композитор задал несколько вопросов и, немного подумав, начал играть на своем *кунди* повторяемую тему. Потом он сказал, что должен уединиться, чтобы написать песню. Некоторые композиторы обычно работают в паре или группой и записывают музыку на бумаге карандашом. Некоторые получают вдохновения во сне или в видении. Одни работают на заказ, другие пишут спонтанно, импровизируя. В сущности, композиторы и другие творческие люди могут создавать новые произведения какими угодно методами. Мероприятие, которое вы собираетесь проводить вместе с сообществом, скорее всего будет состоять как из отработанных, старых компонентов, так и из новых изобретений.

> Опишите, как появляются новые произведение в выбранном вами жанре? Каков творческий процесс?

Б. Внимательно подумайте о ключевом мастере (мастерах).

Слово «мастер» здесь употребляется в значении любых мастеров, создающих какие-либо произведения искусства: композиторов, художников, ткачей, драматургов и т. д. Ключевые мастера бесценны из-за высокого уровня навыков и знаний, а также влиятельного положения в сообществе. Найдите человека (или людей), который создаёт самые лучшие работы. Этот ключевой мастер также должен пользоваться уважением в сообществе, чтобы успешно продвигать проект.

В некоторых сообществах таких умелых мастеров много, а в других их число ограничено. Иногда выбор определенного жанра сам по себе определяет пол мастера и исполнителя. Местные люди смогут подготовить список опытных мастеров.

В некоторых культурах у сообществ уже сложилось представление о роли композиторов, которые пишут песни для других людей. Например, в западной Африке, особенно в районах, находящихся под влиянием Ислама, встречается местная форма *гриота* (гриот – это певец, прославляющий Бога). В Нигерии, Бенине и Гане были случаи, когда мусульманский *гриот* согласился сочинить музыку на библейский текст и записать песню по Священному Писанию.[10]

Изучите музыкальную культуру в вашем районе. Осведомитесь, существует ли устоявшаяся форма написания и заказа композиций. Если да,

---

10 Klaus Wedekind, «The Praise Singers,» *Bible Translator* 26, no. 2 (1975): 245–47.

то профессиональные композиторы привыкли работать за плату. В некоторых азиатских культурах, в частности в Непале и на Филиппинах, композиторы обычно выполняют заказы.

Если вы работаете в христианской группе, то, возможно, вам будет трудно найти опытного мастера среди верующих. В некоторых жанрах это может оказаться вообще невозможным. В этом случае подумайте о том, чтобы дать заказ неверующему мастеру. Необходимо задавать следующие вопросы:

- Заинтересован ли сам мастер?

- Пользуется ли он(а) уважением у местного населения?

- Если огласить его (её) имя, поможет ли это делу или помешает ему?

- Что думают об этом местные христиане?

Обсудите, какого мастера вы хотели бы найти, насколько свободным он (она) скорее всего будет, какие конкретные люди могут исполнить эту роль и как лучше всего взаимодействовать с ними.

В. Определите потенциал успеха и возможные препятствия.

Определите внутри сообщества потенциал и препятствия, связанные с творчеством в выбранном жанре. Ниже приводится несколько примеров:

Потенциал успеха

- одарённые мастера готовы задействовать свои таланты в новом контексте

- правительство заинтересовано в поддержке местных творческих форм

- возрастающее понимание ценности различных видов местного народного творчества и нежелание их поглощения искусством широкого общества

- активный и уважаемый покровитель искусства на местах, который может возглавить новаторское движение

Препятствия

- негативное отношение к использованию местных языков или диалектов и видов искусства в некоторых сферах

- отсутствие знаний и навыков определённого жанра

- безразличие к изменениям в сообществе

- угасающий интерес к местным формам творчества из-за урбанизации и глобализации

ВСТУПЛЕНИЕ

ПОДГОТОВКА

ШАГ 1

ШАГ 2

ШАГ 3

ШАГ 4

ШАГ 5

ШАГ 6

ШАГ 7

ЗАКЛЮЧЕНИЕ

Обсудив примеры выше с членами сообщества, спросите их:

- Как можно посодействовать прогрессу в создании новых произведений искусства в данном жанре?

- Как можно задействовать данный потенциал при подготовке мероприятий по вдохновению людей на творчество?

- Что может помешать нашему успеху?

- Как можно преодолеть эти препятствия при подготовке мероприятий по вдохновению людей на творчество?

Д. Организуйте мероприятие.

Существует множество разных мероприятий по вдохновению людей на творчество. Ниже приводится несколько вариантов, в зависимости от целей и потребностей.

Заказ на выполнение художественного произведения

Попросите одного или нескольких мастеров создать новое произведение художественного жанра с заранее согласованной целью. Процесс выполнения заказа обычно включает следующие шаги:

1. Вместе с сообществом определите *событие*, для которого создаётся данное произведение:

    - *цель или цели* создаваемого произведения (например: грамотность, церковное Богослужение, развитие общества)

    - *жанр* произведения (например хайку, олонхо, бродвейский мюзикл)

    - содержание

    - создатель (создатели)

2. После этого

    - работайте вместе с мастерами в ходе творческого процесса, включая оценку работы и её доработки (усовершенствования);

    - подготовьте сообщество и организаторов мероприятия к презентации произведения;

    - рассмотрите и другие способы показа или распространения произведения (например, видео или аудио запись);

    - обдумайте, как это и подобные произведения могут проникнуть в другие сферы жизни сообщества.

Узнайте о том, какая компенсация соответствует уровню мастера, жанру и мероприятию. Под компенсацией подразумеваются не только деньги, но и услуги, продукты, социальный капитал или дружба и доброжелательность. Налаживайте взаимное уважение и доверие с мастерами.

Обдумайте роли заказчика во время всего процесса исполнения заказа. Кто будет решать, что хорошо, а что следует изменить? Кто будет определять границы свободы творчества автора художественного произведения? По возможности, автор и заказчик должны ещё до начала процесса достигнуть взаимопонимания относительно ролей.

Вы можете заказывать работу и у самого себя, но делайте это только вместе с сообществом.

Семинары

Семинары обычно проводятся в течение 1-2 недель. На семинарах мастера и ученики собираются вместе и работают над конкретной задачей. В результате такого тесного взаимодействия, можно многого достигнуть.

Лучше, чтобы логистику семинара обеспечивала организация. Важно также заранее определить цели семинара, например написание песен для Богослужения или создание и запись театральных постановок, которые будут распространяться по радио и другим медийным каналам.

(См. полное *Руководство*, Шаг 4Д, для примера программы семинара. Смотри DVD *Справочника* Тодда и Мэри Бэт Саурман для «Идей по творческим семинарам».)

Показательные мероприятия

Вы можете помочь сообществу запланировать или провести фестиваль или конкурс, на котором местные мастера и авторы художественных произведений смогут представить публике свои работы в местных творческих жанрах. Такие фестивали помогают освещать культурную самобытность сообщества и представлять публике произведения искусства. Культурные и религиозные группы, которые уже проводят праздничные мероприятия, могут согласиться включить в программу новые произведения, созданные христианами. Или можно организовать новый фестиваль и утвердить новую традицию представления христианами своих творческих дарований, талантов, которыми наделил их Бог. Призы за лучшие новые работы усиливают энергию и волнение участников. Фестивали предоставляют отличную возможность сотрудничества между различными христианскими, культурными, религиозными и другими группами в сообществе.

Показательные мероприятия обычно состоят из пяти стадий:

1. **Воображение и планирование**

   Как мы дойдем от точки А до точки Б? Чем больше мероприятие, тем больше требуется планирования. Некоторые сообщества отлично и успешно создают подробные расписания, планы и цели. Другие сообщества устраивают радостное, пышное мероприятие за счёт естественных социальных взаимодействий. Вы можете предлагать идеи, но не нужно навязывать свою систему.

ВСТУПЛЕНИЕ | ПОДГОТОВКА | ШАГ 1 | ШАГ 2 | ШАГ 3 | ШАГ 4 | ШАГ 5 | ШАГ 6 | ШАГ 7 | ЗАКЛЮЧЕНИЕ

ВСТУПЛЕНИЕ

ПОДГОТОВКА

ШАГ 1

ШАГ 2

ШАГ 3

ШАГ 4

ШАГ 5

ШАГ 6

ШАГ 7

ЗАКЛЮЧЕНИЕ

2. **Реклама и установление полезных связей**

   Как можно совместить участие ключевых мастеров с более широкой публикой? В фестивалях иногда бывают конкурсы, выдаются призы, и это мотивирует авторов мастеров. Необходимо чётко сообщать, за какие именно виды искусства будут даваться призы и по каким критериям они будут оцениваться.

3. **Содержание и подготовка к выступлению**

   Будет ли у мастеров и авторов достаточно сил, времени и ресурсов для создания и исполнения произведения?

4. **Само мероприятие**

   Постарайтесь создать ощущение общей цели, гибкости, и радости во время творческого мероприятия. Также постарайтесь подключить как можно больше людей к организаторскому процессу.

5. **Оценка и планирование на будущее**

   После мероприятия соберитесь с ключевыми участниками и оцените, как оно прошло. Обсудите, как в мероприятии были реализованы все семь шагов «Со-Творчества». Обсудите возможность повторного проведения таких мероприятий в будущем.

Наставничество

Возможно, в силу вашего возраста, образования или социального положения, долгосрочные отношения могут принести пользу одному или нескольким художественным деятелям. Такие отношения вырастают из обоюдной симпатии и общих целей. Наставники могут влиять на профессиональный, духовный и нравственный рост учеников. Такие отношения могут открыть многие двери возможностей и создать условия для обмена личным опытом. При этом и сам наставник учится у своего ученика. Если они принадлежат разным культурам, то ученик может научить наставника многому о своём народе. В долгосрочной перспективе связь между наставником и учеником становится глубокой и взаимно удовлетворяющей.

Структурированное ученичество

Ученичество осуществляется в структуре, соответствующей существующим культурным формам. В процессе ученичества художественные эксперты передают свои навыки и знания другим членам сообщества. Структурированное ученичество обосновано в тех случаях, когда имеются мастера какого-либо ценного для сообщества жанра, в котором нарушены механизмы передачи навыков.

Сообщество может осуществлять такую программу следующим образом:

1. Выбрать жанр.

2. Выбрать мастера данного жанра.

3. Выбрать учеников.

4. Создать процесс и контекст подготовки, который

    a. исходит из знакомых форм процесса обучения;

    b. проводится в месте, по графику и с частотой занятий, устраивающих мастера и учеников;

    c. включает в себя важные для данного жанра знания, навыки, внутренние установки;

    d. продолжается столько времени, сколько необходимо для того, чтобы ученик овладел достаточно высоким уровнем навыков, который можно стабильно поддерживать в рабочем состоянии.

5. Реализация программы.

6. В ходе реализации программы исследуются способы дальнейшего развития навыков и их применения в различных контекстах.

Публикации

Практически любая деятельность бывает более успешной в долгосрочной перспективе в случае, если мысли и исполнения участников каким-то способом записываются на носители информации. Записи на бумаге, видео- и аудиозаписи, электронный формат всех видов искусств дают возможность художественному творчеству существовать дольше момента исполнения. Опубликованная художественная продукция достигает аудиторию за рамками одного географического места. Периодические издания и веб-сайты позволяют распространять информацию и создают условия для обсуждения широкого спектра тем и вопросов. Аудио- и видеозаписи являются материалом для программ подготовки и развлекательной продукции. Публикации становятся хранилищами исторических и биографических сведений на случай утраты общественной или исторической памяти и традиций.

- Общий подход к планированию публикаций включает следующие шаги:

- Определить целевую аудиторию.

- Определить авторский, редакторский и консультативный состав.

- Собрать, отфильтровать и подготовить материалы для публикации.

- Определить схему распространения.

- Определить сроки.

- Осуществить публикацию и распространить продукт.

ВСТУПЛЕНИЕ

ПОДГОТОВКА

ШАГ 1

ШАГ 2

ШАГ 3

ШАГ 4

ШАГ 5

ШАГ 6

ШАГ 7

ЗАКЛЮЧЕНИЕ

Разработайте и используйте способы обратной связи (напр. возможность электронных комментариев, писем к издателю, обзоров и т. д.) для определения эффективности проекта и планирования будущих публикаций.

Творческие объединения

Участники художественного процесса часто объединяются в клубы, ассоциации, союзы для взаимной поддержки, критики, распространения своих произведений и идей, выступлений и сотрудничества. Художественные клубы регулярно проводят встречи. Их участники имеют друг к другу определённые ожидания. Их часто объединяют конкретные художественные формы и одна цель.

Все группы разные, но при создании или изменении группы необходимо учитывать следующее:

- Место и время встреч нужно выбирать так, чтобы оно устраивало участников и соответствовало особенностям их художественной деятельности.

- Следует обсудить с участниками цели группы и ожидания. Цели могут быть как гибкими и спонтанными, так и жёсткими и формальными, в зависимости от предпочтений участников.

- Если группа формируется как часть церкви или имеет желание создавать произведения для христианских общин, то в процесс создания и деятельности группы необходимо включить духовный аспект. Художники и артисты в процессе создания своих произведений действуют подобно Богу (за исключением того, что Бог создал мир из ничего). При этом время от времени художественные натуры могут увлекаться в применении своих творческих способностей и двигаться в нездоровом направлении. Чтобы этого не происходило, необходимо уделять время молитве, изучению Библии, подотчётности и другим формам творческой дисциплины, которая является как бы духовным якорем для всех проявлений творческого и художественного начала.

Обсудите и выберите тип деятельности, лучше всего подходящий для процесса «Со-Творчества».

Опишите мероприятие, которые вы будете использовать

Используя таблицу ниже, опишите каждый элемент вдохновительного мероприятия, которое решило организовать сообщество.

ЧТО НАДО ЗАПИСАТЬ ПРИ ПОДГОТОВКЕ ВДОХНОВИТЕЛЬНОГО МЕРОПРИЯТИЯ

Название и описание: краткое описание мероприятия и его основных целей. Общая информация: заказ, семинар, показательное мероприятие, наставничество, ученичество, издание, творческий клуб или что-либо другое. Описание должно быть максимум один абзац.

Участники: все типы людей, которые должны быть задействованы для успеха мероприятия. Это может включать создателей и «проводников». По возможности, запишите имена людей.

Всё необходимое для профиля произведения искусства: информация о сообществе или творческом жанре, которую нужно знать для успешного проведения мероприятия. Отметьте, какая информация уже имеется в профиле, а какую всё ещё необходимо исследовать и дополнить. Многие из этих исследований (из **Шага 4**), ещё не были выполнены.

Необходимые ресурсы: финансовые, технические, логистические, формальные и другие ресурсы, которые требуются для проведения мероприятия.

Задачи: дела, которые надо выполнить для проведения мероприятия. Их можно описать более или менее подробно, в зависимости от пожеланий и контекста.

Анализ общей картины: Подготовьте три списка.

- Шаги процесса «Со-Творчества», которые входят в мероприятие

- Шаги процесса «Со-Творчества», которые выполняются за кулисами самого мероприятия. Например, анализ мероприятия (**Шаг 4**), ранее проведенного кем-нибудь другим

- Планы на будущее о восполнении недостатков, допущенных в некоторых шагах

Рисунок 12. Что надо записать при подготовке вдохновительного мероприятия

ВСТУПЛЕНИЕ | ПОДГОТОВКА | ШАГ 1 | ШАГ 2 | ШАГ 3 | ШАГ 4 | ШАГ 5 | ШАГ 6 | ШАГ 7 | ЗАКЛЮЧЕНИЕ

ШАГ 6

Усовершенствование результатов

> *«Никакое гнилое слово да не исходит из уст ваших, но только доброе, для назидания, когда нужно, чтобы оно доставляло благодать слушающим»* (Послание к Ефесянам 4:29).

Оцените новые работы в соответствии с критериями, оговоренными с сообществом. Не забывайте, что цель процесса оценивания - созидательная, а не разрушительная. Этот процесс должен поднимать, а не опускать. И ещё имейте в виду, что необходимость критической оценки можно сильно сократить, если изначально включить в процесс «Со-Творчества» правильных людей: общественных и духовных лидеров, опытных мастеров и исполнителей.

Как определить, какое искусство хорошее, а какое плохое? Это сложный процесс, но существуют полезные критерии оценки.

Доверяйте местной системе

Коллектив обычно имеет общее суждение о том, насколько хороша та или иная творческая работа, и существуют общепринятые способы передачи информации о том, что следует доработать. Выполните работу в разделе «Эстетика и оценка» (**Шаг 4**), чтобы определить, как в данном сообществе происходит доработка творческой работы. В некоторых случаях местное население может не допускать распространение произведений низкого качества, в результате чего они естественным образом исчезают.

ВСТУПЛЕНИЕ   ПОДГОТОВКА   ШАГ 1   ШАГ 2   ШАГ 3   ШАГ 4   ШАГ 5   ШАГ 6   ШАГ 7   ЗАКЛЮЧЕНИЕ

Оценивайте по результатам

В Шаге 3 вы опередили ожидаемые результаты (эффекты) новой творческой работы. Новые работы должны побуждать членов сообщества двигаться к Божьему Царству. Для того чтобы понять, достигла ли новая работа желаемого результата, нужно просто наблюдать за ней и расспрашивать людей. Ответы нужно сравнивать с желаемыми результатами. Например, человек может выступить с речью с целью привлечь людей к народному шествию, но если народ послушал и разошёлся по домам, то речь можно считать неудачной.

Не беспокойтесь, но продолжайте учиться

Всё охватить невозможно, но можно:

- следить за реакцией людей;

- прислушиваться к их словам;

- регулярно проводить исследования, связанные с интересующими вас жанрами (см. примеры в Шаге 4). Старайтесь проводить такие исследования раз в неделю или раз в месяц.

- определить, как и когда проводить оценивание.

Определите, как и когда проводить оценивание

Оценивать работу можно прямо во время её создания или уже после завершения и представления публике.

> Выполните задание ниже (Некоторые называют его «Критической контекстуализацией»). Возможно, полезно будет оценивать и взвешивать успешность работы на разных этапах процесса «Со-Творчества».

МЕТОД УСПЕШНОГО ОЦЕНИВАНИЯ

Определите местные социальные структуры и проработайте их, чтобы определить критерии для оценки существующих и новых творческих работ. Прежде чем собрать людей вместе, определите следующие аспекты творческого мероприятия:

- **Элементы:** как в данной работе задействуются пространство, материалы, участники; как она развивается во времени, характеристики исполнения, ощущения и переживания, содержание, темы и ценности сообщества.

- **Цель (цели):** обучение, побуждение к действию и т. д.

- **Участники:** кого включить в процесс оценивания. Эти люди должны обладать знаниями, навыками и уважением, чтобы критиковать разные элементы мероприятия. Желательно включить людей из разных социальных и возрастных категорий.

- **Объекты:** они могут быть важным элементом в организации беседы, чтобы не полагаться исключительно на память. К таким объектам относятся тексты, сценарии, ноты, маски, танцевальные движения, видео- и аудиозаписи.

Соберите участников, которых вы определили. Покажите или представьте произведение искусства, а затем выполните следующие шаги:

1. Вместе **отметьте** те аспекты работы, которые получились успешно.

2. **Обсудите** смыслы, которые донесла до людей та или иная творческая работа, насколько естественной она была в рамках избранного жанра, насколько верно она представляет сообщество и достигнет ли она желаемых целей, по мнению участников.

3. **Побудите** мастеров создавать ещё лучшие работы, учитывая проведённое оценивание.

Рисунок 13. Метод успешного оценивания

ШАГ 7

Празднование успехов и интегрирование их в жизнь сообщества

Мы хотим, чтобы творческие работы создавались и использовались для целей Божьего Царства не один раз, а постоянно! Поэтому важно планировать и на будущее. Для начала можно обсудить с сообществом способы, которыми у них обычно передаются новые песни, танцы или навыки резьбы. По возможности, эти способы передачи следует включить в планы. Возможно, для продолжения начатой творческой работы члены сообщества решат повторно провести мероприятия для побуждения к творчеству, организовать семинары или сделать новые заказы. Существующие творческие коллективы, такие как клубы танцев или любителей книги могут сами проявить стремление к продолжению творческой работы. Или же сообщества могут решить сформировать новые группы для регулярных встреч и творческой деятельности ради целей Божьего Царства.

Если вы следовали процессу «Со-Творчества», то нет нужды особо говорить о том, как отмечать успехи и интегрировать их в жизнь сообщества, потому что успешное продолжение доброго дела в значительной мере зависит от правильного начала. Наш процесс сам побуждает вас строить отношения, побуждает других создавать искусство, чтобы мастера ценились и были задействованы на всех этапах этого пути. А ещё «Со-Творчество» обеспечивает участие всех ключевых людей в обсуждении и планировании творческих мероприятий, создавая возможность совершенствовать творческие работы и их презентацию.

Ниже мы даём вам и вашему сообществу несколько рекомендаций о том, как обеспечивать продолжительность творческих работ. Некоторые из этих советов могут показаться вам противоречащими друг другу.

ВСТУПЛЕНИЕ

ПОДГОТОВКА

ШАГ 1

ШАГ 2

ШАГ 3

ШАГ 4

ШАГ 5

ШАГ 6

ШАГ 7

ЗАКЛЮЧЕНИЕ

Ничего не поделаешь – так устроена жизнь. Если сообщество будет прислушиваться к Господу и возрастать в мудрости, оно во всём разберётся.

Побуждайте сообщество регулярно и осознанно заниматься творческой деятельностью

Пройдитесь опять по всему циклу «Со-Творчества» в этом пособии (Шаги 1-7). Чем больше вы будете проходить этот цикл с людьми в сообществе, тем лучше они будут понимать процесс и тем успешнее, естественнее и органичнее он будет проявляться в их повседневной жизни.

Поощряйте деятельность в тех видах искусства, которые делают наиболее уникальный вклад в Божье Царство

Глобализация, урбанизация, миссионерская деятельность, войны, и другие факторы часто (хоть и не всегда) приводят к обесцениванию народных искусств и творчества малых народов, угасанию интереса к ним. В конце 21-й главы Откровения написано, что на Небесах будут представлены все культуры. Если мы все одинаково поём, танцуем, играем, рисуем и провозглашаем истину, то мы обедняем вселенскую Церковь на Земле и на Небесах (по крайней мере в начале). Поэтому не надо предполагать, что мировые тенденции соответствуют Божьему плану. Чем больше мы знакомимся с разнообразием Божьего творения, тем ближе мы познаем Бога.

Поощряйте деятельность в наиболее слабых видах искусства

Нужно обращать особенное внимание на тех мастеров и на те виды народного искусства, которые создаются в самых забытых регионах мира, потому что в них отображается Божий образ.

Поощряйте деятельность в тех видах искусства, которые скорее всего будут процветать

Мы хотим, чтобы новые творческие начинания положительно влияли на сообщества, поэтому чем более зажигательны они, тем лучше!

Продолжайте молиться и помогайте исполнить молитву Христа

Иисус учил нас молиться и жить такими словами: «Отче наш, Сущий на Небесах! Да святится имя Твоё, да придёт Царство Твоё; да будет воля Твоя и на земле, как на небе» (Матфея 6:9-10). Ваше сообщество может и дальше создавать такое искусство, которое будет невероятным образом соединять Небеса с Землёй.

ЗАКЛЮЧЕНИЕ

1

Профиль народного творчества (ПНТ) - Обзор

Мы создали файл для описания и документирования результатов работы, которую вы выполнили вместе с выбранным вами сообществом или коллективом в рамках данного руководства (http://ethnodoxologyhandbook. com/manual). В сущности, в этом файле повторяются основные разделы руководства, чтобы было легче найти место, где записывать результаты проведённых мероприятий. Замените слова, написанные заглавными буквами, словами, относящимися к вашей ситуации. Например, «НАЗВАНИЕ СООБЩЕСТВА» можно заменить словами «Саха», «племя Баха» или «l'Eglise Catholique de Tchinga». Вы можете свободно менять и дорабатывать структуру, категории и содержание вашего профиля ПНТ. Далее приводится образец содержания подобного профиля в незаполненном виде.

<НАЗВАНИЕ СООБЩЕСТВА>

Арт-организатор(ы):

Период времени, к которому относится данный документ:

Краткое описание планов, деятельности, результатов

Выполненные циклы «Совместного создания народного творчества» (в какой-либо степени)

Перечень изученных мероприятий и жанров (в какой-либо степени)

ВСТУПЛЕНИЕ

ПОДГОТОВКА

ШАГ 1

ШАГ 2

ШАГ 3

ШАГ 4

ШАГ 5

ШАГ 6

ШАГ 7

ЗАКЛЮЧЕНИЕ

Цикл совместного создания народного творчества:
<НОМЕР>, для <ЦЕЛИ(ЕЙ) ЦАРСТВА>

Шаг 1: Знакомство с местной культурой и её художественными жанрами

- Первый взгляд на сообщество

- Первый взгляд на его виды искусства

- Первый взгляд на его цели

- Начните изучать социальную и концептуальную жизнь общества

- Подытожьте результаты этого шага и связанные с ним сложности

Шаг 2: Определение целей для роста Божьего Царства

- Помогите обществу определить свои цели для Божьего Царства

- Опишите одну или две цели, на которых можно сосредоточиться сейчас

- Подытожьте результаты этого шага и связанные с ним сложности

Шаг 3: Соединение жанров с целями

- Опишите, как прошло обсуждение эффектов, содержания, жанра и мероприятий

- Перечислите выбранные эффекты, содержание, жанр и мероприятие

- Подытожьте результаты этого шага и связанные с ним сложности

Шаг 4: Анализ жанров и творческих мероприятий

- Определите, что вы будете исследовать

- Проведите исследование и внесите данные в таблицу по Описанию жанров художественных форм

- Подытожьте результаты этого шага и связанные с ним сложности

Шаг 5: Вдохновение и побуждение к творчеству

- Опишите общепринятые творческие подходы

- Определите ситуации, которыми можно воспользоваться, и возможные препятствия, которые надо преодолеть

- Выберите вид творческой деятельности

- Разработайте новую или доработайте уже существующую творческую деятельность, которая помогла бы сообществу достигнуть своей цели

- Проведите эту творческую деятельность

- Подытожьте результаты этого шага и связанные с ним сложности

Шаг 6: Усовершенствование результатов

- Выберите и адаптируйте подход к оценке и совершенствованию творческой работы
- Примените этот подход к оценке и совершенствованию творческой работы
- Подытожьте результаты этого шага и связанные с ним сложности

Шаг 7: Празднование успехов и интегрирование их в жизнь сообщества

- Отберите элементы, которые надо интегрировать и отмечать (праздновать)
- Запланируйте действия, необходимые для продолжения начатого доброго дела
- Подытожьте результаты этого шага и связанные с ним сложности

Описание жанра: <НАЗВАНИЕ ЖАНРА>

А: Анализ мероприятия: НАЗВАНИЕ МЕРОПРИЯТИЯ

- Краткое описание
- Первый взгляд на мероприятие
- Исполнительные «линзы» на мероприятии

Б: Творческие аспекты мероприятия

- Музыка
- Театр
- Танец
- Устное народное искусство
- Визуальное искусство
- Взаимоотношения между формальными элементами акции

В: Более широкий культурный контекст мероприятия

- Творцы и артисты
- Творчество
- Язык
- Передача традиций и изменения
- Культурный динамизм
- Идентичность и власть
- Эстетика и оценка
- Время
- Эмоции
- Содержание

ВСТУПЛЕНИЕ | ПОДГОТОВКА | ШАГ 1 | ШАГ 2 | ШАГ 3 | ШАГ 4 | ШАГ 5 | ШАГ 6 | ШАГ 7 | ЗАКЛЮЧЕНИЕ

- Показанные ценности сообщества
- Вклад ресурсов сообщества

Г: Изучите, как христианское сообщество своим творчеством взаимодействует со всей церковью в более широком культурном контексте: НАЗВАНИЕ ЦЕРКВИ

- Исследуйте искусство христианского сообщества
- Сравните, как христианское сообщество использует искусство в сравнении с окружающими сообществами
- Оцените, как творчество в настоящий момент помогает христианам достигнуть целей своего сообщества
- Заполните опросник про любимые местные искусства с участием христианского сообщества и с помощью «колеса Богослужения»
- Оцените, как проходят Богослужения на библейских принципах
- Ознакомьтесь с искусством и творческими работами мультикультурного христианского сообщества
- Верно толкуйте Священное Писание

ВСТУПЛЕНИЕ   ПОДГОТОВКА   ШАГ 1   ШАГ 2   ШАГ 3   ШАГ 4   ШАГ 5   ШАГ 6   ШАГ 7   ЗАКЛЮЧЕНИЕ

ЗАКЛЮЧЕНИЕ

2

Форма для записи принятого решения

Данная форма поможет вам кратко описать решение сообщества, принятые в ходе выполнения шагов 1, 2 и 3.

_____ организует

Сообщество

_____ , на котором будет применён

мероприятие

_____ с

жанр(ы)

_____ , что приведёт к

содержание

_____ , которые помогут

воздействия на людей

_____ двигаться по направлению к

сообщество

_____

цель Царства.

ЗАКЛЮЧЕНИЕ 3

Совместное создание народного творчества (Со-Творчество): Краткий обзор

Лучшее будущее:
еще *проблески Царства*

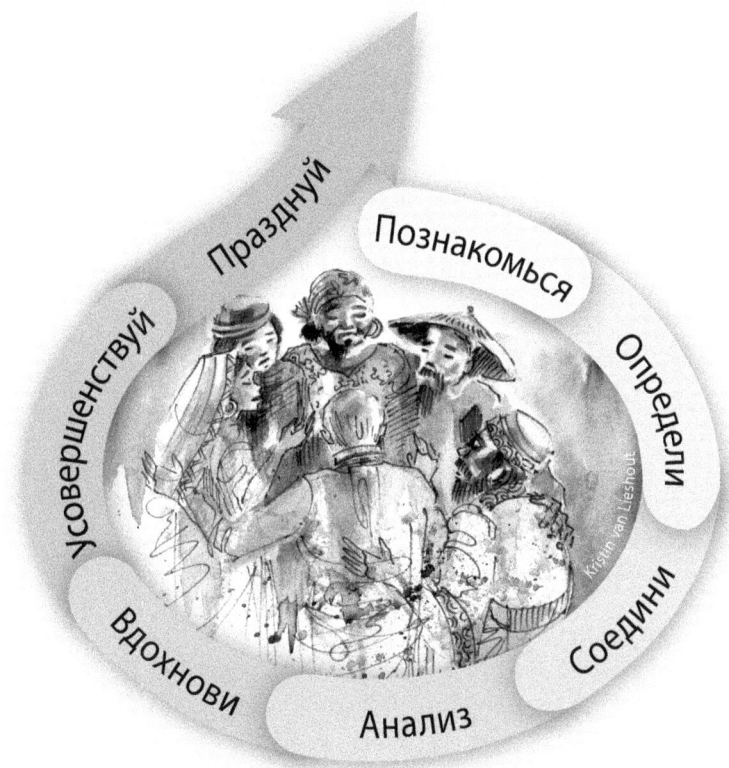

- **Знакомство с местной культурой и её художественными** жанрами. Исследуйте уже существующие местные художественные и социальные ресурсы.

- **Определение целей для роста Божьего Царства.** Разузнайте цели, которых хотело бы достигнуть данное сообщество.

- **Соединение жанров с целями.** Выберите творческий жанр и определите мероприятия, которые помогут группе достигнуть своих целей.

- **Анализ жанров и творческих мероприятий.** Опишите всё мероприятие или событие в целом, включая творческие формы и их соотношение с более широким культурным контекстом. Подробное понимание художественных форм является жизненно важным для вдохновения (побуждения) к творчеству. Глубокое знание форм важно для усовершенствования новых произведений и для их успешной интеграции в сообщество.

- **Вдохновение и побуждение к творчеству.** Проведите мероприятия, которые сообщество выбрало для вдохновения и побуждения к творчеству в рамках предпочитаемого жанра.

- **Усовершенствование результатов.** Оцените результаты мероприятий, проведенных для вдохновения и побуждения к творчеству, и улучшите подход.

- **Празднование успехов и интегрирование их в жизнь сообщества.** Запланируйте и осуществите действия, необходимые для того, чтобы новые формы творчества продолжали использоваться в сообществе. Определите другие контексты, в которых можно показывать и выставлять новые и старые произведения искусства.

ВСТУПЛЕНИЕ

ПОДГОТОВКА

ШАГ 1

ШАГ 2

ШАГ 3

ШАГ 4

ШАГ 5

ШАГ 6

ШАГ 7

ЗАКЛЮЧЕНИЕ

www.ingramcontent.com/pod-product-compliance
Ingram Content Group UK Ltd.
Pitfield, Milton Keynes, MK11 3LW, UK
UKHW051606171025
8452UKWH00044B/603